Teoria e Prática da
Educação Física Escolar

Dados Internacionais de Catalogação na Publicação (CIP)
(Câmara Brasileira do Livro, SP, Brasil)

Sales, Ricardo Moura
  Teoria e prática da educação física escolar / Ricardo Moura Sales. -- 1. ed. -- São Paulo : Ícone, 2010.

  ISBN 978-85-274-1138-7

  1. Educação física 2. Educação física - Estudo e ensino I. Título.

10-07607   CDD-372.8607

Índices para catálogo sistemático:

1. Educação física escolar : Estudo e ensino
    372.8607

Ricardo Moura Sales

Teoria e Prática da Educação Física Escolar

1ª edição
Brasil – 2010

© Copyright 2010
Ícone Editora Ltda.

Projeto gráfico, capa e diagramação
Richard Veiga

Revisão
Juliana Biggi

Proibida a reprodução total ou parcial desta obra, de qualquer forma ou meio eletrônico, mecânico, inclusive através de processos xerográficos, sem permissão expressa do editor (Lei n° 9.610/98).

Todos os direitos reservados para:
ÍCONE EDITORA LTDA.
Rua Anhanguera, 56 – Barra Funda
CEP: 01135-000 – São Paulo/SP
Fone/Fax.: (11) 3392-7771
www.iconeeditora.com.br
iconevendas@iconeeditora.com.br

Folha de Aprovação

A presente obra foi aprovada pelo Conselho Editorial, e a sua publicação na forma atual foi recomendada por ele.

MEMBROS DO CONSELHO EDITORIAL
    Prof. Dr. Antônio Carlos Mansoldo (USP - SP)
    Prof. Dr. Jefferson da Silva Novaes (UFRJ - RJ)
    Prof. Dr. José Fernandes Filho (UFRJ - RJ)
    Prof. Dr. Rodolfo Alkmim Moreira Nunes (UCB - RJ)
    Profa. Dra. Luana Ruff do Vale (UFRJ - RJ)
    Prof. Dr. Miguel Arruda (UNICAMP - SP)
    Prof. Dr. Edil Luis Santos (COOPE/UFRJ - RJ)
    Prof. Dr. Daniel Alfonso Botero Rosas (PUC - Colômbia)
    Prof. Dr. Vitor Machado Reis (UTAD - Portugal)
    Prof. Dr. Carlos Eduardo Brasil Neves (UNESA - RJ)
    Prof. M. Sc. Aldair José de Oliveira (UERJ - RJ)
    Prof. Dr. Antônio José Rocha Martins da Silva (UTAD - Portugal)
    Prof. Dr. Paulo Moreira da Silva Dantas (UFRN - RN)
    Prof. Dr. Fernando Roberto de Oliveira (UFL - MG)
    Prof. Dr. José Henrique do Santos (UFRRJ - RJ)
    Prof. Dr. André Gomes (UNESA - RJ)
    Profa. Dra. Cynthia Tibeau (UNIBAN - SP)
    Profa. Dra. Fabiana Scartoni (UCP - RJ)
    Prof. M. Sc. André Fernandes (CREF)
    Prof. M. Sc. Fabiano Pinheiro Peres (USF - SP)

PRESIDENTE DO CONSELHO
    Prof. M. Sc. Alexandre F. Machado (UNIBAN - SP)

Folha de Aprovação

Dedicatória

Este livro é dedicado à minha esposa e companheira Vanessa e aos meus filhos Fernando, Vítor e Lara, os maiores tesouro da minha vida. Às minhas queridas irmãs Marília, Márcia e Lúcia; aos amigos e professores Antonio Carlos de Barros e Regina Maura Romani; e à memória saudosa de meu pai Moura e do professor e amigo Valderbi Romani.

Agradecimentos

Agradeço aos diretores, coordenadores e professores das escolas nas quais tive a oportunidade de lecionar e aprender: EEPG Professor Antonio Nascimento – SBC; Colégio Sapiens – SBC; Colégio Antares – Santo André; Colégio Arbos – Santo André, e Unidade Jardim Pueri Domus – Santo André.

Prefácio

Prefaciar um livro sobre educação física, destinado aos professores para que atendam a criança e o adolescente em toda a sua plenitude diante de diversos aspectos, não é tarefa das mais fáceis, afinal, a ideia deste livro não é nos ofertar apenas mais um olhar teórico sobre o desenvolvimento físico e motor e, sim, propiciar a possibilidade para engajamentos docentes que contribuam para a emancipação de pessoas – o que, além dos aspectos físicos, envolve o autoconhecimento, a autoestima e as interações sociais com vistas à participação no mundo para contribuir com sua melhoria contínua.

Para tanto, é relevante destacarmos a atuação do próprio autor voltando nosso olhar no tempo, resgatando o trabalho de um mestre em educação, que antes foi professor de educação física e coordenador de grupos de professores. Em seu projeto, não havia alunos excluídos por uma questão ou outra, e sim, acesso fácil para as expressões das habilidades cinestésicas de modo atuante e integrado. No cotidiano, vivenciou o desenvolvimento de uma prática que incluía a participação de todos.

Com olhares no horizonte e nas potencialidades de cada um, buscava nas atividades esportivas, nas aulas e jogos, contar com o maior número de alunos possível. Quando havia alguma saída para um evento ou mesmo uma competição, o transporte que ocupava era sempre o mais cheio de alunos, alegres e ansiosos, afinal, todos teriam sua chance de jogar.

Mais além, desenvolveu o esporte solidário, trazendo para dentro da escola grupos da terceira idade e alunos jovens mais carentes, que, desprovidos de atividades extras, poderiam ficar esquecidos nas ruas ou mesmo fechados em instituições sociais – o que nos remete a uma educação física mais voltada para o exercício da cidadania.

Daí a relevância de mais este trabalho acadêmico, em que Ricardo Sales nos fala de um lugar que ocupou em toda a sua trajetória profissional, um lugar chamado práxis, em que a prática e a teoria se misturam reflexivamente para direcionar novos caminhos e novas atuações dos educadores no sentido de contribuírem com o bem comum.

Agora, é o momento de Ricardo dividir conosco seu conhecimento e sua experiência. Sabemos, entretanto, que as mudanças propostas necessitam de paciência, estudo e acompanhamentos. O aprendizado é demorado e será preciso muito movimento para que ocorra.

Precisaremos também de toda a nossa musculação e resistência para propiciarmos a cidadania ativa, precisaremos correr contra o tempo para alcançarmos todos os braços que estão estendidos para nós, de agilidade e flexibilidade para propormos programas de bem-estar físico e mental, levando em conta as habilidades individuais e as inclinações pessoais.

Portanto, nada melhor do que realizarmos uma boa caminhada por este livro, refletindo em cada parada, respirando novos ares de possibilidades, buscando levantar em nós o espírito de equipe, observando o próprio pulsar de nossos corações para que a vida saudável *versus* as interações humanas representem os faróis necessários para uma melhor organização do mundo a partir do movimento de cada um. E esse exercício só o faremos juntos!

Silmara Rascalha Casadei

Mestre em Educação pela PUC-SP.
Autora de livros infanto-juvenis.
Atua como Diretora de Ensino da Educação
Infantil, Ensino Fundamental e Ensino
Médio na Rede do Ensino Privado.

Sobre o Autor

RICARDO MOURA SALES

- Possui mestrado em Educação, Administração e Comunicação pela Universidade São Marcos (2005).

- Coordenador de Educação Física e Esportes – Unidade Jardim Pueri Domus – Santo André de 2002 a 2009.

- Coordenador de Educação Física e Esportes – Colégio Arbos – Santo André de 1992 a 2001.

- Nas escolas, desenvolveu projetos relacionados a "Qualidade de vida", "Iniciação esportiva" e "Esporte solidário". Possui vasta experiência em dirigir professores e monitores de Educação Física, e na estruturação de departamento de Esportes, Educação Física e Eventos.

- Desde 2007 é professor titular da cadeira de Futebol, Metodologia e Desenvolvimento e Aprendizagem Motora na Universidade Bandeirantes de São Paulo, assumindo em 2010 as disciplinas de Psicologia da Educação, Estrutura e Funcionamento da Educação Básica e Fundamentos da Educação.

- Endereço para acessar este CV:
http://lattes.cnpq.br/3752403071465650

Sumário

INTRODUÇÃO, 17

Capítulo 1
UMA VISÃO MULTIDISCIPLINAR DO CORPO E DO MOVIMENTO, 23
    O Corpo e o Movimento relacionados a aspectos filosóficos, 23
    O Corpo e o Movimento relacionados a aspectos antropológicos, 34
    O Corpo e o Movimento relacionados a aspectos sociológicos, 43
    O Corpo e o Movimento relacionados a aspectos culturais, 57
    O Corpo e o Movimento relacionados a aspectos psicológicos, 63
    O Corpo e o Movimento relacionados a aspectos educacionais, 69

Capítulo 2
QUE TIPO DE CULTURA CORPORAL É TRANSMITIDA NA PRÁTICA DA EDUCAÇÃO FÍSICA ESCOLAR?, 79

Capítulo 3
REPLANEJANDO A EDUCAÇÃO FÍSICA ESCOLAR, 83
    Blocos de conteúdos, 83
    Percentuais distribuídos de acordo com a faixa etária, 86
    As condições de estrutura física, de pessoal e de materiais oferecidas pelas escolas, 87
    O significado da Educação Física para as escolas, 88

O conhecimento dos professores em relação às orientações dos PCNs – volume 7, **89**

Avaliação contínua realizada pelo professor e alunos, **89**

Capítulo 4
ORGANIZANDO UM DEPARTAMENTO DE EDUCAÇÃO FÍSICA E ESPORTES, 91

1. Harmonizando a equipe e definindo a filosofia de trabalho, **87**
2. Esporte Solidário, **93**
3. Intervalos dirigidos, **94**
4. Espaço Interativo, **94**
5. Eventos Comemorativos, **95**
6. Projeto Vida Melhor, **95**
7. Projeto Qualidade de Vida, **95**
8. Revista Virtual, **100**
9. Reuniões mensais com toda a equipe, **100**
10. Interdisciplinaridade entre Educação Física e demais áreas, **101**
11. Aulas optativas de esportes, **101**
12. Monitoria de Educação Física e Esportes, **102**
13. Comunicação interna e externa do departamento de Educação Física, **102**
14. Modelos sugeridos para organização e administração do departamento de Educação Física e Esportes, **104**

REFERÊNCIAS BIBLIOGRÁFICAS, 111

INTRODUÇÃO

Durante mais de vinte anos trabalhando em escolas, como professor e coordenador da área de Educação Física e Esportes, pude constatar que os objetivos, conteúdos e critérios de avaliação da Educação Física muitas vezes são confundidos, não só por seus profissionais, como também pela própria instituição escolar.

Provavelmente isto ocorre por ser uma área que pode ser trabalhada em vários locais e de maneiras diferenciadas, tais como escolas, clubes, academias, condomínios, *personal trainer*, etc.

Independente do local e da maneira a ser trabalhada, os objetos de estudos da Educação Física são **o corpo e o movimento**:

> *O trabalho na área da Educação Física tem seus fundamentos nas concepções do corpo e movimento. Ou, dito de outro modo, a natureza do trabalho desenvolvido nessa área tem íntima relação com a compreensão que se tem desses dois conceitos.* (PCNs, 1996, p. 25)

Por vários motivos, de ordem formativa ou de não reconhecimento da importância da área, os professores vêm praticando nas escolas, ano após ano, uma Educação Física que, infelizmente, não tem contribuído de maneira satisfatória para a formação de um indivíduo com poder de crítica e de autonomia, que possa distinguir entre o que é bom para seu pleno desenvolvimento e o que serve apenas como medida paliativa para a resolução dos vários problemas brasileiros, consciente de que a Educação Física possa transmitir-lhe o conhecimento necessário do corpo e de suas possibilidades de movimento, destinados à melhora de sua qualidade de vida.

Uma das maiores dificuldades para o professor de Educação Física atender às solicitações dos PCNs encontra-se, principalmente, na formação inadequada dos cursos de Educação Física, ou seja, no que eles oferecem aos professores da área, ainda que algumas mudanças estejam sendo processadas no setor, de uns tempos para cá.

Durante anos, a organização do trabalho pedagógico não foi tomada a sério, inexistindo uma relação entre os conteúdos da Educação Física e outras áreas do conhecimento, como, por exemplo, Ciências e Biologia, só para mencionar as que mais se coadunam com ela.

Os professores da área trabalhavam e, infelizmente, muitos ainda trabalham o aspecto biológico do corpo, entendendo os movimentos como algo mecânico e padronizado, uma vez que a Educação no Brasil teve origem militar e médica.

Assim, durante anos, foram ensinados aos alunos movimentos prontos e acabados, cabendo-lhes apenas copiá-los e reproduzi-los, os quais enfatizavam – quanto aos objetivos referentes ao corpo – só os aspectos neurofisiológicos, destinados à incrementação das capacidades de força, resistência, agilidade, flexibilidade, velocidade, equilíbrio e coordenação.

Em outras palavras, utilizar o **corpo e movimentá-lo** em nada correspondia ao **pensar, criar, discutir, entender, analisar, sentir prazer, integrar-se ou se emocionar.**

Esta maneira de pensar orientou a prática da Educação Física durante anos, formando o perfil do seu profissional como alguém alienado do processo geral da Educação, dando ênfase ao desempenho técnico e ao desenvolvimento físico, de forma seletiva e excludente. Um profissional que enxergava o ser humano somente por seu aspecto físico, dotado apenas de músculos e que deveria ser avaliado de acordo com sua capacidade de fazer exercícios abdominais, polichinelos, flexões de braços e de cumprir a distância a ser percorrida em doze minutos, o famoso Teste de Cooper.

A partir da década de 1980, muitos professores de Educação Física, por meio de estudos e intercâmbios, passaram a dar um novo significado à área, interligando o conteúdo desta matéria escolar ao de outras ciências. Em algumas universidades, foram criadas Escolas de Educação Física com o objetivo de estudar e compreender o corpo e seus movimentos, agora vinculados a outras questões que não as meramente físicas e esportivas.

Em 1996, com a LDB e o estabelecimento dos PCNs, uma nova concepção foi elaborada e sugerida para a prática da Educação Física, que entende o ser humano de maneira global, integral, ou seja, como dotado de outros aspectos além do biológico, passando também a ponderar os aspectos culturais, sociais, políticos e afetivos dos indivíduos, isto é, do seu corpo e dos seus movimentos.

Aquele professor de Educação Física, que durante anos teve sua formação limitada quase exclusivamente aos esportes (dedicado tão só à prática e sendo pouco solicitado por seus conhecimentos teóricos), deve agora dar lugar a alguém que realize um trabalho interdisciplinar, que leve em consideração o contexto social e a cultura regional de seus alunos, isto se ele almejar objetivos que não compactuem com o Consumismo, a Discriminação e o Preconceito, orientando os alunos para a aquisição da Cidadania e Saúde.

Contrapor todos esses anos de prática – muitas vezes restrita a um trabalho dirigido no máximo a modalidades esportivas e a ensaios para as danças de Festa Junina – às novas orientações dos PCNs, que incluem temas como Ética, Pluralidade Cultural, Saúde, Meio Ambiente e Orientação Sexual –, não é tarefa fácil. Romper os laços com o passado exige uma transformação nos cursos de formação profissional, que devem ter como meta a conscientização da importância do papel do professor de Educação Física para o desenvolvimento individual e coletivo de seus alunos.

Cabe a esse profissional assimilar conhecimentos, buscando conceitos multidisciplinares que lhe possibilitem elaborar, no planejamento de aulas a ser realizado, os conteúdos e objetivos necessários à formação do homem do século XXI.

Somente orientações e diretrizes enunciadas por leis não conseguirão mudar este quadro, pois serão precisas ações múltiplas em diferentes frentes.

É verdade que os PCNs aí estão para dirimir conceitos, mas isto não é o suficiente, fazendo-se necessárias mudanças para que o professor de Educação Física possa colocá-las em prática, mudanças estas que devem almejar melhores condições de trabalho do que as atuais, melhores cursos de formação profissional e a cobrança de uma melhor qualidade no trabalho, a ser realizado com conhecimento, competência e proficiência.

A área de Educação Física abrange grande parte das atividades programadas pela escola, projetos que vão desde a área pedagógica até as áreas recreativa, esportiva e social, que podem e devem fazer parte de seu planejamento.

Por meio de eventos elaborados e postos em prática por seus professores, a Educação Física possibilita que, não só os alunos participem nas atividades propostas, mas também toda a comunidade relacionada com a escola, constituída de pais, familiares e demais professores e funcionários.

Este professor pode ser o catalisador das ações que envolvem integração social e ser o conscientizador da necessidade de uma melhor qualidade de vida.

As mais novas abordagens da Educação Brasileira preveem a inserção de ações destinadas ao bom exercício da cidadania e à ampliação de olhares direcionados ao educando, que lhe permitam um desenvolvimento global.

A Educação Física passou a considerar também "as dimensões cultural, social, política e afetiva, presentes no corpo vivo, isto é, no corpo das pessoas, que interagem e se movimentam como sujeitos sociais e como cidadãos" (PCNs, v. 7, p. 25), facilitando esses processos, quer seja pela prática do movimento, pelo conhecimento dos mais variados esportes, pela educação voltada a uma qualidade de vida superior (alimentação, gestão de horários, postura, respiração, sono, higiene, água, relacionamentos intrapessoal e interpessoal, prevenção às drogas e doenças sexualmente transmissíveis), ou pela viabilização de projetos interdisciplinares.

Entretanto, ao se analisar criticamente esses processos, percebe-se quão vagarosa é a efetivação deste planejamento no cotidiano escolar.

A formação dos professores de outras áreas que não inclui Educação Física ou onde não existe uma visão mais integral do aluno, a falta de tempo para o planejamento conjunto e a "cobrança" do fechamento dos conteúdos conceituais (o que muitas vezes limita as atividades de Educação Física) sinalizam alguns percalços, com os quais os professores dessa área se defrontam neste valoroso percurso.

No Ensino Médio, por exemplo, talvez por exigência dos vestibulares, percebe-se, até mesmo na grade horária, uma clara diminuição de número de aulas de Educação Física, em detrimento de um maior número aulas de Química, Física, Matemática...

Trata-se de efetuar uma logística que abrace todas estas questões, mediante alteração do perfil dos eventos escolares, incluindo-se atividades diferenciadas e procedendo-se a atividades com a comunidade familiar dos alunos de Educação Infantil e Ensino Fundamental de 1ª a 4ª séries, oportunizando-se a participação de todos, para que a comunidade vivencie ações que envolvam uma qualidade de vida mais satisfatória.

Ainda há um bom caminho pela frente, que poderia estar mais avançado se algumas políticas fossem mudadas, como, por exemplo, a forma de ingresso nas principais universidades.

Infelizmente, em nosso país o *status* ainda se restringe às escolas particulares que desenvolvem o "ensino tradicional", onde nas aulas de Educação Física o esporte ainda é visto mais como uma possibilidade de aprendizado para as competições. Poucas vezes o trabalho cooperativo, como a finalidade educativa de paz ou mesmo com a preocupação de interligar o corpo com a mente para o verdadeiro bem-estar das nossas crianças e dos jovens brasileiros, é almejado.

É necessário crer que a "paciência histórica" seja uma boa conduta (pois o processo à frente será longo), enquanto são construídos alguns pilares atitudinais no corpo de todo o projeto pedagógico.

Quando iniciado um trabalho em equipe com professores, em que a formação acadêmica e, principalmente, a história de vida são diferentes entre seus membros, a prática pode ser totalmente distinta entre os integrantes da mesma equipe, pois cada professor colocará nas suas aulas a crença e os hábitos pessoais, independentemente dos objetivos e conteúdos que devem ser levados em consideração para o local de trabalho.

Esperamos com este trabalho auxiliar os professores, principalmente aqueles que trabalham com a Educação Física escolar, na elaboração de um planejamento e na organização de um Departamento de Educação Física, que considere o homem não apenas no seu aspecto físico, mas também afetivo, cognitivo e social.

Faremos uma correlação entre a prática da Educação Física e as orientações sugeridas no volume 7 dos Parâmetros Curriculares Nacionais.

UMA VISÃO MULTIDISCIPLINAR DO CORPO E DO MOVIMENTO

Capítulo 1

O CORPO E O MOVIMENTO RELACIONADOS A ASPECTOS FILOSÓFICOS

Ao longo da sua história, o homem compreendeu e deu um significado diferente para *seu corpo e seus movimentos*. Para cada período houve um sentido e entendimento, variando de acordo com os interesses de convivência social e integração ao ambiente.

Fazer uma abordagem filosófica *do corpo e do movimento* no mundo, levando em consideração aspectos que influenciaram e influenciam sua maneira de expressão, é importante no sentido de serem esses os principais fundamentos da Educação Física. O entendimento do pensamento filosófico de diferentes épocas e suas reflexões, as relações do homem com a natureza, certamente nos auxiliarão para melhor compreendermos a nós mesmos e o mundo.

> *As perspectivas segundo as quais visualizamos a realidade e procuramos interpretar o mundo encontram seu fundamento naquilo que pensamos que seja o sentido da existência humana. Toda a apreciação crítica da realidade humana supõe uma forma de ver e*

> *interpretar o mundo, isto é, encerra em si pressupostos filosóficos.* (GONÇALVES, 1994, p. 39)

Ao descrever sobre os aspectos filosóficos relacionados ao corpo e ao movimento, os PCNs fazem uma constatação:

> *Por suas origens militares e médicas e por seu atrelamento quase servil aos mecanismos de manutenção do* status quo *vigente na história brasileira, tanto a prática como a reflexão teórica no campo da Educação Física restringiram os conceitos de corpo e movimento – fundamentos do seu trabalho – aos seus aspectos fisiológicos e técnicos.* (PCNs, p. 25)

Após essa constatação, é dada a seguinte orientação:

> *Atualmente, a análise crítica e a busca de superação dessa concepção apontam a necessidade de que, além daqueles, se considere também as dimensões cultural, social, política e afetiva, presentes no corpo vivo, isto é, no corpo das pessoas, que interagem e se movimentam como sujeitos sociais e como cidadãos.* (PCNs, p. 25)

Para que possamos compreender o significado do corpo e do movimento no mundo atual, é importante que tenhamos o conhecimento de como ele foi considerado desde o homem primitivo, passando pela Antiguidade Grega, Cristianismo, Idade Média, Renascimento, Modernidade, até chegarmos aos dias atuais.

Não será feito aqui uma análise minuciosa dos pensamentos filosóficos, mas sim as bases que os constituíram. Observaremos através destes como a *cultura do corpo* caracterizou o comportamento do homem durante vários séculos.

O *homo sapiens* tinha o corpo relacionado com a natureza, em que o homem e a natureza era algo único. A vida humana relacionava-se com a natureza em todos os sentidos, inclusive no pensamento mítico. Isto ocorreu devido à dependência de sobrevivência do homem relacionar-se diretamente com seu corpo, por exemplo na caça e na luta com outros animais. O homem estava integrado e entregue ao mundo. A relação do homem primitivo com o trabalho geraram uma identificação deste com a natureza, que faz com que lhe fossem atribuídas qualidades humanas.

Nas civilizações orientais, com base nas tradições místicas do pensamento, corpo e alma devem estar em harmonia, a experiência do corpo é a chave para a consciência da totalidade cósmica. O homem como ser corporal e sensível é essencial para o conhecimento do mundo.

A civilização ocidental, com bases de sua formação vinda da Grécia Antiga, em oposição ao pensamento oriental, tem no dualismo – corpo e alma – sua principal característica, influenciando até hoje nossa sociedade.

> *A civilização ocidental, com suas raízes na Antiguidade Grega, tem em seu cerne a tendência dualista do homem como corpo e espírito. Seu processo de desenvolvimento, realizado por meio de tensões e oscilações históricas, caracteriza-se por uma valorização progressiva do pensamento racional em detrimento ao conhecimento intuitivo, da razão em detrimento do sentimento, e do universal em detrimento do particular.* (GONÇALVES, 1994, p. 16)

Com Sócrates (século V a.C.), o importante é a razão em relação ao exterior, para a partir desta encontrar o verdadeiro sentido das coisas para sua ação moral.

Platão (séculos V e VI a.C.), seguindo Pitágoras e, principalmente Parmênides, separa o mundo sensível do mundo inteligível, colocando de um lado o mundo concreto, finito e transitório, e do outro o mundo ideal, eterno e imutável. As realizações humanas não têm importância, pois são apenas aspirações das ideias. O corpo tem inclinações e paixões que contaminam a pureza da alma, o que acaba impedindo-a de contemplar as ideias perfeitas e eternas. A separação do corpo da alma é acentuada, com o corpo sendo considerado cárcere da alma. Em seus últimos trabalhos, Platão não via o corpo com tão negativismo, admitindo, inclusive, que o exercício podia trazer benefícios para a alma.

Em Aristóteles (século IV a.C.), o corpo não é considerado a prisão da alma, reconhecendo sua importância para o conhecimento, mas, apesar disso, a alma é a força vital. O homem é um ser contemplativo, e o trabalho é considerado com menosprezo, principalmente o trabalho físico, por sua relação com a matéria.

O cristianismo trouxe consigo conceitos opostos à civilização grega. Se nesta o homem era visto como pertencente ao universo físico, com uma visão do mundo na qual predominava o racionalismo, o pensamento cristão concebia a vida numa perspectiva transcendente, o homem e o mundo passam a ser vistos como criação de Deus, com uma história e um destino que transcendem a vida terrena, possuindo não somente razão, mas sentimentos e emoções.

Na Idade Média, se por um lado as ações do homem estavam diretamente relacionadas ao seu corpo, tornando este o centro dos acontecimentos, por outro lado a carne estava relacionada à ideia de pecado. O homem vivia, então, dividido entre o céu e a terra, mas, pela crença em Deus, o corpo não era considerado indigno.

Santo Agostinho (séculos IV e V) situa-se na passagem do mundo greco-romano para a Idade Média. Seu pensamento sofre influência de Platão, vendo o homem dividido entre o corpo e a alma. A alma prevalece sobre o corpo, com uma diferença básica do pensamento da Antiga Grécia: a interiorização da alma, para assim conseguir o encontro com Deus. A ideia de alma para o grego significava algo exterior, explicando o movimento e a mudança.

> Com a ideia de interioridade, de autoconsciência, Santo Agostinho lança os germes do interesse filosófico moderno pela subjetividade. (GONÇALVES, 1994, p. 45)

Santo Tomás de Aquino (século XIII), seguindo os preceitos de Aristóteles, diverge de Santo Agostinho, observando uma evolução gradual e ininterrupta dos seres até o Ser Supremo. Para ele a alma evolui da matéria, unindo desta maneira o mundo do espírito ao mundo do corpo. A alma, como forma do corpo, seria a responsável pelo entendimento, sem participação da matéria, e também responsável pelas sensações e funções vegetativas, estas realizadas pelos órgãos do corpo.

O trabalho, sendo considerado uma das principais atividades do homem, possibilitando uma ação produtiva para os movimentos corporais, apesar do cristianismo dar-lhe uma noção enobrecedora, era para os pensadores cristãos, inclusive Santo Tomás, mais valorizado na contemplação do que na ação.

> *Para os pensadores da Idade Média, entretanto, a verdadeira essência do homem é a sua alma. O homem deveria desligar-se de tudo que o prendesse a sua existência terrestre, elevar-se acima das necessidades e das inclinações do corpo e aspirar à realização de sua verdadeira essência espiritual e ultraterrena. A natureza humana, na Idade Média, como na Antiguidade Grega, era pensada de forma idealizada; constituía-se num modelo, que todos os homens deveriam procurar realizar em sua existência, não refletindo, assim, a verdadeira realidade concreta do homem.* (IBIDEM, p. 47 e 48)

No Renascimento (séculos XV e XVI), há o ressurgimento da beleza e da arte. O homem é visto como um ser que tem razão e vontade, possuindo uma vontade que, iluminada pela razão, permite-lhe dominar e transformar a natureza. O homem é retratado nas pinturas e autobiografias. O trabalho físico recupera o valor bíblico, mas continua relegado a um plano inferior. Há um rompimento com o pensamento platônico. No humanismo renascentista, o homem afirma-se em todos os setores da vida humana, e procura um método que permita interpretar e dominar a natureza.

A partir desse período, as mudanças do pensamento e as transformações sociais colocam o homem numa posição diferente em relação ao mundo. O ser de contemplação dá lugar ao homem interessado no domínio da técnica e da ciência, para, com o uso desses recursos, exercer o domínio sobre a natureza. O pensamento metafísico havia colocado em evidência a "natureza humana" do homem, afastando-o da sua história.

> *Todo arcabouço científico e filosófico desta visão é sedimentado por uma verdadeira revolução científica que ocorre por volta dos séculos XVI e XVII, conduzido por cientistas e pensadores como Copérnico (1473-1543), Galileu (1564-1642), Francis Bacon (1561-1626), Descartes (1596-1650) e Isaac Newton (1642-1727), entre outros. Com eles desfaz-se a concepção orgânica de mundo, bem característica até a Idade Média, e cria-se um modelo mecanicista do universo.* (MEDINA, 1990, p. 56)

Bacon (séculos XVI e XVII), pensador do início da era moderna, precursor da corrente empirista, que tem em Locke, Hume e Hobbes seus principais expoentes, coloca o corpo e o espírito unidos, para, junto com a ciência e a técnica, dominar a natureza. O trabalho é valorizado como atividade humana e com fim em si mesmo, e não religioso, participando dessa valorização o homem como ser sensível e corpóreo.

Para Hobbes, a alma perde seu conceito de força vital que dá vida ao movimento e o corpo, passando o corpo a tornar-se uma máquina que age em função dos estímulos externos.

Locke (século XVII), representante inglês do empirismo, coloca o corpo como instrumento do espírito, devendo ser forte e saudável para servi-lo.

> *O fim da Educação Física seria, assim, propiciar, por meio da conservação da saúde do desenvolvimento de destrezas corporais, a formação do caráter e da moralidade.* (GONÇALVES, 1994, p. 50)

O dualismo corpo-espírito durante muitos séculos serviu como base para o pensamento filosófico das civilizações, mas foi com Descartes (séculos XVI e XVII) que o dualismo se radicaliza.

Descartes não só separa o corpo (matéria) da alma (espírito), como torna-os irreconciliáveis, separados por um abismo em que prevalece o intelecto (mente), afirmando "é somente ao espírito e não ao composto de espírito e corpo, que compete conhecer a verdade das coisas" (IBIDEM, p. 51).

Através do método cartesiano, de análise do raciocínio, o pensamento foi fragmentado, com consequências para o mundo ocidental que nos influenciam até os dias de hoje: valorizar mais o trabalho mental ao trabalho manual; levar a medicina a não considerar com seriedade os aspectos psicológicos das doenças; impedir os psicoterapeutas de lidarem com o corpo de seus pacientes; e o que para nós parece ser o mais grave, fragmentou o homem, que vê dentro do seu corpo vários segmentos, não considerando sua totalidade, com grande influência, inclusive, no processo educacional.

> *Como consequência da separação cartesiana do corpo e da alma, os fatos psíquicos e fisiológicos começaram a ser estudados separadamente, permanecendo, até hoje, objeto de ciências distintas. Essa separação se faz sentir na Educação Física até os nossos dias, tanto na sua prática pedagógica como nas ciências que a embasam. Estas últimas se constituem em campos estanques, que não se intercomunicam: cada uma trata do corpo sob sua perspectiva, como se fosse absoluta, ignorando a globalidade do homem.* (IBIDEM, p. 51)

No Iluminismo, período do século XVIII, o homem é visto como um ser ativo e criador da sua história. O progresso das ciências, da técnica e da indústria acentuam-se. O trabalho é enaltecido pelos pensadores, com críticas para as condições de trabalho e as diferenças sociais, dos quais destaca-se Rousseau, que resgata o homem como ser corpóreo, com paixões e necessidades, e o ser espiritual e histórico, que possui razão e livre-arbítrio.

Para Rousseau, as paixões impulsionam a razão, o homem é visto no seu livre-arbítrio, na escolha de suas ações e no sentimento que acompanha essa possibilidade. O ato da liberdade moral não é desvinculada da realidade corpórea, pois dela participam os sentimentos e as emoções.

Com esses princípios de homem e mundo, Rousseau na obra *Emílio* afirma: "Existir para nós é sentir, nossa sensibilidade é anterior à inteligência".

A colocação citada por Rousseau nos remete a Friedrich Schiller e sua obra *A educação estética do homem*, em que ele destaca a relação entre estética e corporeidade. A estética, assim como a ética, a política e a metafísica, sempre foram cultivados nos pensamentos gregos. Atualmente a palavra estética está banalizada, pois só leva em consideração as formas exteriores do corpo. Se fizermos uma análise etimológica da palavra estética, constataremos que a Educação Física pode utilizar-se de seus conceitos, para quem sabe utilizá-la como um dos caminhos a seguir.

> *O termo estética compõe-se de duas raízes etimológicas. Uma é aisth, que significa sensação, sentir; a outra é etos, que significa costume, moral. Portanto, pode-se dizer que estética significa a moral ou o costume da sensação e do sentimento.* (IBIDEM, p. 60 e 61)

Segundo Schiller, o impulso sensível (estético) precede o racional na atuação, e concordando com Rousseau, diz "pois a sensação precede a consciência", explicando que o impulso sensível desperta com a experiência da vida e o racional com a experiência da lei, concluindo que "a humanidade do homem não se dá com a racionalidade, mas com a descoberta da beleza, isso é, nos valores estéticos."

Ao relacionarmos a estética ao sentir, e a ciência à inteligência, e se o sentir precede a inteligência, conforme o pensamento de Rousseau e Schiller, podemos imaginar que a forma como o homem vem vivendo no mundo, associada à ciência e aos mecanismos preestabelecidos, ao aumento de rendimento e produtividade, a melhorar sua eficiência, não corresponde a sua natureza, que está na liberdade da estética.

> *A Educação Física está diante dessas duas alternativas. Ou aperfeiçoa as técnicas do rendimento ou se arrisca pelos valores da estética. A decisão vai gerar consequências diferentes, senão opostas.* (IBIDEM, p. 63)

Em Kant (século XVIII) fica bem caracterizada a questão disciplinar em contraposição à espontaneidade das emoções e dos sentimentos naturais de Rousseau. Para Kant, a humanidade do homem está no espírito e na liberdade moral, como para Rousseau, mas a diferença é que para o primeiro o corpo deve ser disciplinado, pois, segundo ele, "a disciplina transforma a animalidade em humanidade".

Hegel (séculos XVIII e XIX), representando o idealismo alemão, equipara o mundo concreto à consciência. O sujeito, através de suas ações, condiciona o mundo, guiado que é pela consciência. O trabalho produtivo é valorizado, pois através dele o homem se humaniza, ao não trabalhar para si, mas para a coletividade. O corpo é impregnado por um espírito, o princípio da natureza humana é o espírito, permanecendo fiel ao espírito da metafísica. A principal contribuição dos pensamentos de Hegel foi a de pensar o ser nas suas contradições, a natureza humana como história, valorizado pelo trabalho na sua formação.

> *Só que para Hegel a história é ainda uma história do espírito, uma história do espírito nas coisas. História é reflexão, a consciência do espírito. A cultura é, portanto, uma manifestação do espírito. A exteriorização e interiorização do espírito é a causa do movimento. A exteriorização do espírito produz a obra humana. Hegel enaltece o trabalho como mola propulsora do desenvolvimento humano, mas o trabalho é produção do espírito.* (MEDINA, 1990, p. 57)

Após Hegel, abriu-se a possibilidade de pensar o homem como um ser real, vivendo em um mundo concreto, algo que já vinha sendo alimentado desde o humanismo renascentista e início da modernidade, nos séculos XVI e XVII, em que o homem começou a perceber a possibilidade de dominar e modificar a natureza. Com o conhecimento científico conquistado através da observação da natureza, iniciava-se neste período uma visão com pensamentos mais reais concretos a respeito do homem e do mundo.

Até o século XIX, os pensamentos filosóficos tinham como característica a metafísica, que não considera o homem, o mundo e suas relações de forma real, mas sim como habitantes de um mundo ideal. Isto porque a interferência do homem na natureza ainda não acontecia de forma tão contundente.

Nos séculos XIX e XX surgiram pensadores como Marx e Merleau-Ponty, com ideias que veem o homem em sua concretude, como ser sensível e corpóreo.

A contribuição original de Marx foi a de ver o homem, o mundo e suas relações de maneira real e concreta, ou seja, o homem com domínio da natureza, trabalhando para a produção de bens materiais, não mais para consumo próprio, mas com excedente, surgindo portanto uma nova forma de relacionamento social, que tinha no trabalho, na produção e no consumo de bens materiais sua base. Esse pensamento contraria tudo que se via até então, em que o homem era visto com uma essência ideal, abstrata e imutável, passando a ser visto com uma essência histórica, traduzida pelas condições materiais e concretas de sua existência.

Nessa relação capitalista, o corpo e o movimento do homem passaram a ser a força de trabalho para a produção, valorizado através de remuneração. O corpo ficou caracterizado como um instrumento voltado para o rendimento e a produtividade, características estas que perduram até nossos dias.

Encerrando os pensamentos sobre o homem, o mundo e suas relações, deixando claro que sempre que houver essa relação homem-mundo, estará sempre aberta a possibilidade de questionamentos, Merleau-Ponty (1908-1961) traz a ideia do homem que se constrói na relação com o mundo, e este também é construído a partir do homem. Ele é absolutamente contrário ao pensamento metafísico cartesiano da divisão do homem em corpo e espírito, em que prevalece a consciência nas suas ações, ficando a percepção sensível em segundo plano. Ao contrário, para Merleau-Ponty o sensível (o corpo) tem o principal significado de vida humana. Sua importância para a Educação Física está no conceito em que o corpo e movimento estão integrados na totalidade humana.

> ... tenho consciência de meu corpo através do mundo... e... tenho consciência do mundo devido a meu corpo... Assim, a cada passo na evolução do seu pensamento, o poder constituinte da consciência é minimizado, adquirindo na relação corpo-mundo sensível o estatuto ontológico de doadora de significados.

> *O real não é constituído por uma consciência pura que o determina, mas a relação homem-mundo é estabelecida num contato direto com as coisas – do corpo com as coisas. É o olhar, são as mãos... enfim, nossos sentidos, que nos revelam o mundo... ao mesmo tempo que nos abrimos ao mundo, nós o impregnamos com nossa interioridade.* (GONÇALVES, 1994, p. 66)

Associando os pensamentos filosóficos de Marx e Merleau-Ponty a respeito do corpo e do movimento, podemos com mais clareza colocar a Educação Física diante de duas opções, entre as quais seus profissionais devem refletir para optar na sua prática, pois os resultados alcançados serão absurdamente contrários:

a) A utilização do corpo e do movimento como forma de rendimento e produtividade, sendo trabalhado de maneira seletiva, pois os que obtiverem melhores *performance*s serão destacados, o que consequentemente acarretará a segregação e a discriminação dos demais.

Dentro deste conceito, o corpo é visto como instrumento de competição – esta entendida não só no sentido esportivo, mas principalmente social – para ser treinado e aperfeiçoado, em que o importante não é o movimento realizado de forma lúdica e espontânea, que busca a saúde e integração, mas um fim para melhoria do rendimento e da performance.

O movimento que ao ser realizado no mundo (no espaço e no tempo) não está a ele conciliado, e sim tentando superá-lo, através de melhores marcas, de recordes.

Cabe salientar que essa prática de Educação Física é comum em nossas escolas, e os professores, ao exercê-la, a fazem de modo inconsciente e involuntário, pois eles, como parte integrante da sociedade, estão impregnados dessa cultura.

b) A utilização do corpo e do movimento integrados na totalidade do ser humano, que leva em consideração as diferenças existentes entre os indivíduos e as experiências vividas. O resultado obtido com uma prática que tenha essas características será a inclusão.

O corpo como um todo, integrado à natureza e à sociedade, que através do movimento atinge o equilíbrio físico, afetivo, social e cognitivo; em harmonia com o tempo e o espaço, ou seja, respeitando seu ritmo próprio e o ambiente, que não deseja vencê-los, mas apenas usufruir de forma lúdica e espontânea.

Ao finalizar este ponto em que relacionamos o corpo e o movimento aos pensamentos filosóficos, gostaríamos de deixar um último assunto para reflexão:

Um texto de autoria de Rubem Alves, publicado no jornal *Correio Popular* de Campinas, em 27 de setembro de 1999, faz uma comparação do corpo humano a máquinas e materiais utilizados na construção de pontes, edifícios etc., quando relaciona o *stress* a que esses materiais são submetidos para avaliação do máximo de resistência que suportam às competições esportivas, que avaliam o máximo de esforço que o corpo humano suporta.

> *O que move um atleta não é o prazer da atividade, em si mesma. Se assim fosse, ele ficaria feliz em correr, nadar, saltar, sem precisar comparar-se com os outros. Mas depois de correr ele consulta o seu relógio. Está comparando o seu desempenho em relação aos outros. Quando a gente se envolve numa atividade por prazer a gente está brincando. Não olha para o relógio. É o caso das crianças correndo como potrinhos. Ou na água, como golfinhos. O espaço representado pela grama, pela água, pelo vazio é o seu companheiro de brincadeira. A atividade lúdica produz um corpo feliz.*

O CORPO E O MOVIMENTO RELACIONADOS A ASPECTOS ANTROPOLÓGICOS

O homem e suas relações com o ambiente (Natureza) e com os demais indivíduos (Sociedade) sempre determinou a forma de sua sobrevivência, dando diferentes significados a sua corporeidade e movimentos.

O estudo antropológico é importante porque a partir dele podemos ter uma maior compreensão da maneira que cada sociedade se expressa corporalmente, entendendo suas diferenças e diminuindo discriminações e preconceitos.

> *A Antropologia nos ensina a evitar qualquer tipo de preconceito, uma vez que todo comportamento humano, por possuir uma dimensão pública, não pode ser julgado por meio de conceitos implacáveis como bom/mau ou certo/errado... Essa contribuição da Antropologia, por si só, é útil para qualquer área do conhecimento e também para a Educação Física, que não tem o hábito de considerar as diferenças existentes entre os alunos e grupos de alunos de forma não preconceituosa.* (BRUHNS, 1989, p. 30)

Ao recorrer à Antropologia, procuramos entender como a sociedade e a cultura influenciam a linguagem corporal, determinando hábitos, normas e atitudes, e como os profissionais da área de Educação Física podem atuar levando em consideração esses aspectos de influência. Saber as causas de determinados comportamentos, sua origem e valores intrínsecos são de grande valia para todos os que trabalham com o corpo e o movimento.

> *A antropologia que se preocupa em buscar como cada cultura molda a personalidade dos indivíduos, consciente ou inconscientemente, através das suas instituições e modelos que lhe propõe, deve nos interessar muito no plano das nossas preocupações educativas.* (BRUHNS, 1989, p. 43)

A utilização da expressão "como cada cultura molda a personalidade do indivíduo" acima citada é um ótimo exemplo da necessidade de ampliarmos o conhecimento para a área da Antropologia, para que tenhamos a noção de como as influências da religião, da profissão, grupo familiar, classe social e outros intervenientes sociais e culturais podem limitar a expressão dos indivíduos através de regras e conceitos preestabelecidos.

Torna-se importante ressaltar este aspecto, pois a Educação Física integrante que é do sistema educacional, por sua característica lúdica, descontraída e de grande aceitação por parte principalmente de crianças e jovens, já foi e continua sendo em várias oportunidades utilizada para fins de manifestação ideológica a favor de uma minoria, devendo, portanto, discernir os valores que trabalham para a transformação e conquista da autonomia dos indivíduos, daqueles que cerceiam seu desenvolvimento como ser integral.

Ter um olhar com esse enfoque pode evitar manipulações desse tipo, pois os professores de Educação Física, integrantes que são da sociedade, e ao mesmo tempo agentes de sua transformação, ao tomarem consciência de questões pertinentes à área da Antropologia, poderão desenvolver propostas que vão contra esse estado de coisas.

> *A Antropologia nada mais é do que um certo olhar, um certo enfoque, que consiste em estudar o homem inteiro e em todas as sociedades, sob todas as latitudes, em todos os seus estados e em todas as épocas. Ou, dito de outro modo, trata-se de estudar o homem em todas as suas práticas e os seus costumes.* (DAOLIO, 1995, p. 23)

O estudo do corpo enquanto objeto da Antropologia, descrevendo-o nas suas relações sociais e as influências que ele sofre da cultura e da sociedade, é importante para podermos dessa forma dar maior significado às práticas das atividades físicas propostas pela Educação Física.

> *Tem-se estudos focalizando o corpo já feitos nos EUA, em 1940. Margareth Mead estuda como as várias sociedades nativas expõem seu corpo, representam o corpo, se comportam em relação ao corpo. Tem-se então o corpo como entidade cultural, no qual a sociedade está se expressando, no qual a cultura está se expressando.* (BRUHNS, 1989, p. 52)

O que nos interessa, e isto a Antropologia pode nos oferecer, *é saber que existem sociedades diferentes, com hábitos e costumes peculiares,* mas isto não significa que determinado grupo social é superior a outro, ao contrário, ao olharmos para o outro, poderemos nos ver melhor, ao percebermos as diferenças podemos respeitá-las, e se necessário for, diminuir suas distâncias. O Brasil possui, entre suas regiões, diferenças econômicas, sociais e culturais que devem ser levadas em consideração para o desenvolvimento e a estruturação de um trabalho relacionado ao corpo e movimento.

A utilização dos conhecimentos da Antropologia para a prática da Educação Física parte da premissa adotada pelos Parâmetros Curriculares Nacionais, que considera a Educação Física como uma cultura corporal, abordando seus conteúdos como "expressão de produções culturais, como conhecimentos historicamente acumulados e socialmente transmitidos". (PCNs, v. 7, 1996, p. 25)

Considera que todo homem que vive em sociedade possui cultura, pois esta é entendida como os hábitos e costumes, normas e regras, que são transmitidas de geração para geração:

> *É preciso considerar que não se trata, aqui, do sentido mais usual do termo cultura, empregado para definir certo saber, ilustração, refinamento de maneiras. No sentido antropológico do termo, afirma-se que todo e qualquer indivíduo nasce no contexto de uma cultura, não existe homem sem cultura, mesmo que não saiba ler, escrever e fazer contas. É como se pudesse dizer que o homem é biologicamente incompleto: não sobreviveria sozinho sem a participação das pessoas e do grupo que o gerou.* (PCNs, v. 7, 1996, p. 25)

Para melhor elucidar as citações sobre Antropologia abordadas nos PCNs, vamos descrever um breve histórico conceitual da área, para melhor entendimento da frase "É como se pudesse dizer que o homem é biologicamente incompleto".

A Antropologia tem dois conceitos antagônicos, o primeiro é o que considera a existência do homem como um ser puramente biológico, que influenciado pela cultura social modifica seu comportamento; o segundo considera que o homem só adquire esse estado de desenvolvimento por ser biológico e cultural, não havendo possibilidade de separar esses dois aspectos no seu desenvolvimento.

> *A espécie humana só chegou a se constituir como tal pela concorrência simultânea de fatores culturais e biológicos.* (DAOLIO, 1995, p. 33)

Durante o século XIX, a Antropologia procurou entender a história da gênese humana, retirando todos os aspectos culturais que o influenciavam, para chegar ao "homem original", um ser natural, puramente biológico, um ser natural, puro de qualquer influência cultural, anterior ao desenvolvimento social.

> *Segundo os pesquisadores da época, esse primeiro homem estaria no limite entre o máximo desenvolvimento biológico dos australopitecos e a atitude cultural primeira do* Homo sapiens. (DAOLIO, 1995, p. 32)

O que se buscava era encontrar o homem sem as influências do meio ambiente e da sociedade.

Este conceito foi contestado, e através de pesquisas de vários autores e o avanço dos estudos da Arqueologia proporcionaram seu desenvolvimento com o conceito de que a Arqueologia é uma ciência social e não mais natural. Foram encontrados indícios de cultura anterior ao *Homo sapiens*, fato este que contradizia a tese da maturação cerebral anterior ao início do desenvolvimento cultural.

Fato é que toda essa discussão proporcionou a Arqueologia considerar o homem como um ser biológico que traz consigo um comportamento influenciado pelos aspectos culturais da sociedade em que vive, podendo desta forma ser estudado como componente de vários grupos. O que interessa para nós, professores de Educação Física, que tem no corpo e no movimento os fundamentos para seu trabalho, é conhecer e perceber essas influências culturais e sociais para reciclar seus profissionais e qualificar sua atuação.

Poderíamos citar diversos autores, mas uma grande contribuição nesse sentido foi transmitida pelo arqueólogo Marcel Mauss, que nasceu na França em 1872 e faleceu em 1950. Ele foi pioneiro nesse enfoque do corpo enquanto objeto da Arqueologia. O corpo e o movimento como expressões simbólicas passadas através das gerações dentro do contexto social. Segundo ele, o homem não pode ser dividido em faculdades, ele é um ser integral, que deve ser considerado na sua totalidade.

Pensando dessa forma, poderíamos chegar a conclusão de que a Educação Física seria dispensável na aprendizagem e desenvolvimento do movimento, que o homem, através do contato social, criaria suas bases e teria seu desenvolvimento independente da prática da Educação Física. Realmente isso acontece, e a importância da Educação Física está exatamente no aspecto de poder auxiliar esse desenvolvimento dos movimentos corporais, desde que com conteúdos que levem em consideração todos os aspectos do ser integral, ou, como dito por Marcel Mauss, o homem na sua totalidade, e não dividido em faculdades.

A proposta dos Parâmetros Curriculares Nacionais também é essa: o indivíduo considerado na sua totalidade. Para que isso ocorra, torna-se importante conhecer o que influencia o corpo e o movimento da sociedade brasileira, quais os hábitos e costumes, normas e regras, que, agindo sobre ela, direciona-a e orienta na forma de agir e pensar.

Por todas as razões explicitadas nos estudos da Antropologia, que considera as influências sociais e culturais na linguagem corporal, não podemos deixar de relacionar o corpo e os movimentos dos brasileiros com o contexto social ao qual eles estão inseridos.

Dessa forma vivemos uma cultura que determina uma corporeidade com as seguintes características:

1. CONSUMISMO

A "indústria do entretenimento e da saúde" – poderíamos assim denominar a exploração que a mídia e o governo fazem do esporte e das atividades físicas, o que induz os indivíduos ao consumo de roupas, acessórios, cosméticos, escolas de dança, academias de ginástica, clínicas de beleza etc.; tudo deve ser consumido para que se atinja o padrão estético estabelecido pelas propagandas de TV, revistas etc.

> *Não só o processo de produção aliena o corpo; também o faz o processo de consumo... em inúmeras propagandas, os produtos aparecem associados a um corpo saudável, próximo à natureza. Em outras, o corpo aparece como um objeto sensual, onde o objetivo é ligar o produto a ser consumido com momentos de prazer erótico... A utilização do corpo no sistema publicitário insere-se numa tendência mais ampla da sociedade contemporânea atual: a preocupação excessiva com o corpo. Por todo lado proliferam academias de ginástica, musculação, dança, ioga... Surgem também psicoterapias centradas no corpo como a bioenergética, a psicodança, a expressão corporal, a antiginástica... Multiplicam-se a literatura a respeito da saúde fisiológica, da sexualidade e da beleza estética do corpo.* (GONÇALVES, 1994, p. 31 e 32)

2. SEDENTARISMO

Principalmente nos grandes centros urbanos alguns fatores colaboram para o aumento da inatividade física:
- a falta de um programa educacional que permita a orientação sobre os cuidados com o corpo e a importância dos movimentos para o bem-estar deste leva ao desconhecimento da maior parcela da sociedade sobre a necessidade de uma prática regular de atividade física;
- o consumo de alimentos de baixo valor nutritivo e alto valor calórico;
- a participação passiva, ou seja, como meros espectadores nas programações esportivas;
- o desenvolvimento tecnológico, que, ao facilitar a vida do homem, também o leva a movimentar-se menos.

> *Não podemos negar as inúmeras conquistas que a moderna tecnologia trouxe para o homem contemporâneo, em muitos casos; se constatarmos, no entanto, todos os problemas que a humanidade atualmente enfrenta como consequências da tecnologia, essas conquistas deixam de ser efetivos progressos. A maioria de seus benefícios traz consigo a ameaça de destruição e constitui-se em melhoria da qualidade de vida para uma pequena parte da humanidade.* (GONÇALVES, 1994, p. 25)

3. PADRONIZAÇÃO DOS MOVIMENTOS

Através de programas de televisão e músicas que propõe movimentos coreográficos e gestos estereotipados, crianças e jovens são levados à reprodução de movimentos que em nada tem a ver com a nossa cultura. Como consequência, surge a dificuldade em entender que a diferença entre os hábitos e costumes dos indivíduos é algo natural e demonstra imensa riqueza cultural. Essa dificuldade de entendimento faz surgir a discriminação e o preconceito.

> *A moderna tecnologia, com a possibilidade de produção em massa e com o poderoso mecanismo de comunicação, traz consigo a padronização de gostos e hábitos – a homogeneização dos indivíduos e das consciências –, que se revela no comportamento corporal, na concepção e no tratamento do corpo.* (GONÇALVES, 1994, p. 28)

4. VALORIZAÇÃO DA COMPETITIVIDADE

A competitividade é uma característica inerente ao homem e fez com que ele superasse os mais variados obstáculos para seu desenvolvimento. Atualmente, o rápido desenvolvimento e crescimento dos grandes centros urbanos aumentou a competitividade em praticamente todos os setores com os quais o homem se relaciona. Tal fato pode ser principalmente observado nos jovens para a obtenção de vaga nas universidades e ingresso no mercado de trabalho.

Vivendo dentro de um sistema econômico em que quanto maior o rendimento e a produtividade, maiores são as chances de sucesso pessoal, o acirramento da luta pela ascensão social aumentou sobremaneira. A competição passou a fazer parte da vida de crianças e jovens, e a obtenção de resultados positivos, a meta principal a ser alcançada.

Na Educação Física, o avanço da competição também ocorreu, atingindo o corpo e os movimentos dos indivíduos. Os profissionais da área devem ficar atentos para que não apenas os mais talentosos e habilidosos sobressaiam-se, em detrimento dos demais.

Por ser a competitividade uma característica inerente ao homem, deve ser cuidadosamente trabalhada para que sua prática seja estabelecida dentro de regras e normas, caso contrário será estabelecido um grave processo de exclusão.

> *A valorização excessiva do rendimento absorve o professor com medidas e avaliações e privilegia aqueles alunos que possuem melhores aptidões desportivas, incentivando a competição e a formação de elites. Impondo a produtividade como objetivo prioritário, a Educação Física torna-se um veículo de transmissão ideológica do sistema dominante. Essas características revelam-se de forma mais aguda na prática do desporto escolar. Essa, em vez de se constituir em um fator pedagógico visando à libertação integral do homem e à recuperação de sua dignidade, reflete, muitas vezes, as consequências da sociedade de rendimento. De maneira geral, como afirma Manuel Sergio, o desporto escolar marginaliza os menos dotados e distingue os superdotados; circunscreve ao treino, isto é, à preparação para a competição, todo o trabalho pedagógico; preconiza um controle estatal em que ao aluno não é permitido o exercício da criatividade.*
> (GONÇALVES, 1994, p. 36 e 37)

Esses aspectos devem ser amplamente analisados e discutidos para a elaboração de um planejamento na Educação Física escolar, pois são, ao nosso modo de ver, formadores de uma cultura corporal que nada ou quase nada acrescenta para a melhora da qualidade de vida dos brasileiros.

O CORPO E O MOVIMENTO RELACIONADOS A ASPECTOS SOCIOLÓGICOS

Ao abordarmos o corpo e o movimento nas suas relações sociais, levamos em consideração que o indivíduo no qual pensamos é o ser integral, dotado de aspectos físicos, afetivos, sociais e cognitivos, conforme as orientações contidas nos PCNs:

> *As relações entre Educação Física e sociedade passaram a ser discutidas sob a influência das teorias críticas da educação. Ocorreu então uma mudança de enfoque, tanto no que dizia respeito à natureza da área quanto no que se referia aos seus objetivos, conteúdos e pressupostos pedagógicos de ensino e aprendizagem. No primeiro aspecto, se ampliou a visão de uma área biológica, reavaliaram-se e enfatizaram-se as dimensões psicológicas, sociais, cognitivas e afetivas, concebendo o aluno como ser humano integral.* (PCNs, 1996, p. 23)

A Educação Física não pode restringir sua atuação ao aspecto biológico do homem, deve levar em consideração as demais relações que o cercam.

> *A realidade do homem deve ser procurada dentro de suas relações sociais. É na relação e na comunicação com o outro que o homem se realiza.* (BRUHNS, 1989, p. 83)

O ser humano vive dentro de um contexto social, modificando-o e ao mesmo tempo sendo por ele influenciado na forma de pensar, sentir e agir.

> *A forma de o homem lidar com sua corporalidade, os regulamentos e o controle do comportamento cor-*

> *poral não são universais e constantes, mas sim, uma construção social, resultante de um processo histórico... Assim, as concepções que o homem desenvolve a respeito de sua corporalidade e as suas formas de comportar-se corporalmente estão ligadas a condicionamentos sociais e culturais.* (GONÇALVES, 1994, p. 13)

A Educação Física escolar, dentro dessas relações sociais, desempenha importante papel para dar significado ao corpo e aos movimentos. Os PCNs consideram a Educação Física como uma cultura corporal, nas quais os movimentos são produções dessa cultura:

> *Dentre as produções dessa cultura corporal, algumas foram incorporadas pela Educação Física em seus conteúdos: o jogo, o esporte, a dança, a ginástica e a luta.* (PCNs, 1996, p. 26)

Faremos uma análise do corpo e do movimento na prática das atividades físicas, levando em consideração os seguintes aspectos:

- O uso político das atividades esportivas;
- O histórico do esporte moderno;
- O Esporte no Brasil;
- O Esporte do Brasil nas Olimpíadas;
- O corpo do brasileiro.

O USO POLÍTICO DAS ATIVIDADES ESPORTIVAS

Por ser a forma de expressão corporal de maior prática na sociedade, e também a que causa maior influência no comportamento dos indivíduos, o esporte é utilizado politicamente em várias oportunidades.

É necessário, portanto, sua compreensão por parte de todos que trabalham com o corpo e seus movimento, da qual fazem parte os professores de Educação Física. O que torna legítimo o esporte como prática de expressão corporal na sociedade é que seu conteúdo sempre se concentrou em torno de três eixos de grande importância social: a educação, a saúde e a integração (confraternização).

O esporte sempre esteve relacionado a essas questões, por isso muitas vezes é utilizado politicamente. Sua relação com a educação e a saúde permitiu tornar-se o conteúdo central da Educação Física.

O HISTÓRICO DO ESPORTE MODERNO

> *O esporte moderno refere-se a uma atividade corporal de movimento com caráter competitivo surgida no âmbito da cultura europeia por volta do século XVIII, e que, com esta, expandiu-se para o resto do mundo.* (BRACHT, 1997, p. 13)

A expansão do esporte no mundo teve como pano de fundo o processo de modernização nos séculos XIX e XX, com a industrialização, urbanização, aumento da tecnologia nos meios de transporte e comunicação, aumento do tempo livre, surgimento dos sistemas nacionais de ensino etc.

As práticas esportivas sempre estiveram relacionadas com o contexto social as quais estavam inseridas; se em épocas passadas relacionavam-se com instituições religiosas e militares, o esporte moderno desenvolve-se a partir do século XVIII com estreita relação com o desenvolvimento da sociedade capitalista inglesa.

> *O esporte moderno resultou de um processo de modificação, poderíamos dizer, de esportivização de elementos da cultura corporal de movimento das classes populares inglesas, como os jogos populares, cujos exemplos mais citados são os inúmeros jogos com bola, e também de elementos da cultura corporal de movimento da nobreza inglesa. Esse processo inicia-se em meados do século XVIII e se intensifica no final do século XIX e início do XX.* (BRACHT, 1997, p. 13 e 14)

> *O esporte na Inglaterra se constitui, fundamentalmente, a partir de atividades do âmbito do divertimento das classes dominantes (aristocracia e burguesia emergente) no seu tempo livre e dos jogos popula-*

> *res: desde a aposta em corridas de cavalo e de gente (footmen), até o tênis e a esgrima, que para evitar os desentendimentos e discussões neste campo foram sendo regulamentadas de forma cada vez mais precisa e clara.* (BRACHT, 1997, p. 98)

As atividades esportivas eram praticadas nas escolas inglesas, onde foram aos poucos regulamentadas, assumindo as características do esporte moderno.

O surgimento de clubes propiciou que as atividades esportivas pudessem continuar a ser praticadas mesmo após o término da vida universitária. Nos clubes, frequentados pela elite da sociedade, surgiu o esporte praticado por regras mais flexíveis, sem as apostas, surgia o ideal do *fair play*.

O que se viu a partir de então foi a regulamentação de regras, a criação de clubes, ligas e federações para organizações de competições, o que deu possibilidades para explorar comercialmente os eventos esportivos, surgindo assim o profissionalismo.

O esporte também passou a refletir a estrutura das classes sociais: o caráter amadorismo contra o profissionalismo do esporte representa o capital contra o trabalho na sociedade capitalista, assim como determinadas modalidades são associadas a certas classes sociais em que:

> *As classes dominantes (burguesia e aristocracia) fizeram da apologia ao amadorismo uma estratégia de distinção social; nele, no amadorismo, estava presente o éthos aristocrático – atividade realizada pelo simples prazer de realizá-la, sem fins úteis, desinteressada, a arte pela arte.* (BRACHT, 1997, p. 100)

Dessa forma fica mais fácil entendermos por que surgiu de um barão a ideia do renascimento dos Jogos Olímpicos em 1896, e que o espírito que deveria nortear as competições seria o amadorismo.

> *O ideário amadorista era um ideal que confrontava os interesses dos trabalhadores; instrumento de distinção de classe; exercício de violência simbólica.* (BRACHT, 1997, p. 100)

Quando ressaltamos algumas características, como orientação para o rendimento e a competição, a cientifização do treinamento, a organização burocrática, a especialização de papéis, a pedagogia e o nacionalismo, podemos estar nos referindo tanto a sociedade capitalista como ao esporte, pois essas características direcionam para um só objetivo: aumento de produtividade.

> *Essa forma de prática corporal, com essas características, ou seja, orientada para o rendimento e a competição, expandiu-se a partir de meados do século XX no conteúdo hegemônico da cultura corporal de movimento em todo o mundo.* (BRACHT, 1997, p. 100 e 101)

Conhecendo um pouco mais sobre a história do esporte moderno, e entendendo seu significado social, podemos então interpretar o esporte no nosso país.

O ESPORTE NO BRASIL

O Brasil, de acordo com a Constituição de 1988, diferencia o conceito de esporte em três manifestações: a) desporto – *performance*; b) desporto – participação: c) desporto – educação.

Cabe aqui uma análise dessas manifestações esportivas para aprofundar suas relações com a sociedade.

Primeiramente é importante sabermos como e porque o esporte foi citado na Constituição Federal. Existem apenas quatro leis relativas ao esporte no Brasil: a primeira foi elaborada durante o Estado Novo com o Decreto-Lei nº 3.199/1941, que criou o Conselho Nacional de Desportos (CND), iniciando a tutela estatal ao esporte; a segunda Lei foi a de nº 6.251/1975, durante a ditadura militar, que manteve a tutela estatal, reafirmando o Decreto-Lei anterior. Em 1985, através do Ministro de Estado da Educação, Marco Maciel, foi criada a Comissão de Reformulação do Desporto Brasileiro, lançando as bases de reforma esportiva no país, inclusive com o esporte sendo visto através das três manifestações citadas, que em 1988 foram incorporadas no artigo 217 da Constituição Federal;

a terceira Lei foi a de nº 8.672/1993, a Lei Zico, dando grandes avanços nas questões conceituais e principiológicas do esporte; a quarta foi a Lei nº 9.615/1998, a Lei Pelé, que avançou ainda mais, principalmente em relação ao futebol.

Atualmente o Ministério do Esporte está responsabilizando os professores de Educação Física para que estes, durante suas aulas, detectem os talentos esportivos, ou seja, as crianças que tenham habilidade técnica e aptidão física para serem cadastradas em um banco de dados e futuramente fazerem parte de grupos de treinamentos, visando assim a formar atletas para as Olimpíadas. Coloca isso como algo pioneiro, inédito.

O Ministério do Esporte aproveitou que 2004 foi um ano olímpico e o fato de sediarmos os Jogos Pan Americanos de 2007 para criar leis e projetos que já vimos não terem dado certo.

Para relembrar que Educação Física e Esportes sempre caminharam lado a lado, confundindo-se em muitos momentos, vale ressaltarmos:

> *O binômio mais utilizado na Educação Física escolar, a partir da década de 50, é Educação Física/ esportes, crescendo tanto que, em 1969, ele entra na planificação estratégica dos governos ditatoriais, provocando inclusive a subordinação da Educação Física escolar ao esporte. Essa situação só vai se alterar nos anos 80, quando adentramos a fase caracterizada por questionamentos dos períodos anteriores, perda das certezas até então estabelecidas, revelando uma verdadeira crise de identidade.* (MOREIRA, 1992, p. 203)

Voltando ao projeto do Ministério do esporte, no dia 21 de julho de 2004 foi emitida nota com o título "ME promove Seminário de Descoberta do Talento Esportivo", com os seguintes objetivos:

> *O objetivo é capacitar e formar avaliadores de atividade física para atuarem como multiplicadores da metodologia que será utilizada no Dia da Descoberta do Talento Esportivo.*

No dia seguinte, 22 de julho DE 2004, foi emitido outro comunicado dizendo "Professores são treinados para identificar talentos esportivos", explicando a metodologia a ser utilizada:

> *O professor do Cenesp/Unifesp, Antonio Carlos da Silva, explicou que a metodologia aplicada na detecção inclui exercícios físicos como saltos e arremessos e não exige a aquisição de material e equipamentos.*

Diz ainda o comunicado que este é o primeiro passo para aumentar o número de atletas de alto nível no Brasil, sendo o segundo passo a continuidade dessa detecção de talentos que será reforçada pela construção de cinco centros de treinamento, concluindo o ministro Agnelo Queiroz:

> *Será em setembro a inauguração do Centro de Alto Rendimento da Região Norte, na Vila Olímpica, em Manaus.*

A Região Norte é a segunda do país com maiores índices de mortalidade infantil, em que a cada 1000 crianças que nascem, 29,2 morrem antes de completar um ano; e também é a segunda com maiores índices de analfabetismo, com a taxa de 15,6%.

A abordagem e os questionamentos deste tipo de projeto são importantes porque são essas matérias que saem nos meios de comunicação, são esses os conceitos que são disseminados e permeiam os conteúdos das aulas de Educação Física para as crianças nas escolas.

Essas ideias são apoiadas por aqueles que deveriam questionar sua validade, ou seja, os professores de Educação Física.

Neste mesmo comunicado emitido pelo Ministério do Esporte, há um subtítulo que diz "Professores de Educação Física aprovam iniciativa do Ministério"; vejamos alguns depoimentos:

> *Estamos prestes a realizar o grande sonho de ter a Educação Física unida para realizar um importante projeto em benefício aos estudantes brasileiros.* (Adroaldo Gaya, professor da Universidade federal do Rio Grande do Sul)

> *Esse é um grande passo que o Ministério do Esporte dá rumo à política esportiva, finalmente conseguimos colocar em prática tudo o que acreditamos.*
> (Fernando Copetti, professor da Universidade Federal de Santa Maria)

Quando nos defrontamos com discursos como o exemplificado, não o podemos aceitar passivamente, pois se temos discutido o corpo e o movimento até aqui, levando em consideração questões filosóficas, antropológicas, sociológicas, psicológicas, culturais e educacionais, não é possível aceitarmos que o professor de Educação Física passe a ser um observador para a detecção de talentos esportivos. Como disse Ruben Alves:

> *Tenho medo das Olimpíadas. Não por elas mesmas, mas pelos sonhos que elas lançam sobre todos aqueles que se movem no mundo da Educação Física. Seu fascínio é grande. Seu poder de feitiço é imenso. E sua aura divina quase irresistível...gostaria de acreditar que a Educação Física está em paz com o corpo, que ela não deseja transformá-lo em puro meio para fins olímpicos* (por pequenos que sejam), mas que tratasse de cuidar dele como coisa bela que deseja reaprender, a esquecida arte de brincar (e ser feliz)...
> (BRUHNS, 1989, p. 42)

O ESPORTE DO BRASIL NAS OLIMPÍADAS

Poderíamos cometer um equívoco pensando a Educação Física de forma unilateral, priorizando o esporte com base em alguns resultados positivos conquistados por nosso país em participações nas Olimpíadas, a maior competição esportiva do mundo: o iatismo é a modalidade que mais medalhas conquistou para o Brasil. Foram dez no total, sendo quatro de ouro, uma de prata e cinco de bronze. Destaques para Lars Bjokstron e Alexandre Welter, Marcos Soares e Eduardo Penido, que conquistaram a medalha de ouro em Moscou – 1980; Robert Scheidt, que conquistou ouro em Atlanta – 1996 e prata em Sydney – 2000; e Torben Grael, que conquistou medalhas de prata em Los Angeles – 1984, bronze em Seul – 1988 e Sydney – 2000 e ouro em Atlanta – 1996, está com Marcelo Ferreira; medalha de bronze para o basquete feminino em Sydney – 2000; medalha de prata no vôlei feminino de praia em Sydney – 2000; medalha de ouro para o voleibol masculino em Barcelona – 1992 e prata em Los Angeles – 1984; medalha de bronze para o voleibol feminino em Atlanta – 1996 e Sydney – 2000; o futebol conquistou três medalhas: prata em Los Angeles – 1984 e Seul – 1988 e bronze em Atlanta – 1996; o judô conquistou duas medalhas de ouro: com Aurélio Miguel em Seul – 1988 e com Rogério Sampaio em Barcelona – 1992; no atletismo, conhecido por ser uma modalidade esportiva que serve de base para a prática de todas as outras, e que em países desenvolvidos é praticado com todos os jovens por auxiliar no desenvolvimento físico em geral, o Brasil teve as seguintes participações: duas medalhas de ouro para Ademar Ferreira da Silva no salto triplo, na Finlândia – 1952 e Melbourne – 1956, e mais duas medalhas com Joaquim Cruz nos 800 metros, ouro em Los Angeles e prata em Seul – 1988; a natação brasileira conquistou quatro medalhas: Gustavo Borges ganhou uma de ouro e uma de bronze em Atlanta – 2996, Fernando Scherer foi bronze em Atlanta – 1996 e Ricardo havia conquistado uma medalha de prata em Los Angeles – 1984.

Pensar o esporte somente por esse aspecto é alienar a sociedade, não considerando seus aspectos cognitivos, afetivos e sociais.

> *O Brasil busca preparar, de maneira cada vez mais intensa, atletas olímpicos que possam representá-lo em eventos internacionais. Mas os planos de preparação são, muitas vezes, verdadeiros remendos dos buracos descobertos no desempenho de nossos atletas. Desenvolver trabalhos de massificação do esporte se, contudo, analisar a pedagogia utilizada no ensino das modalidades, pode resultar em altos prejuízos pagos pela criança. As consequências de um treinamento rigoroso, que força a especialização precoce, não se mostram a curto prazo e, portanto, muitas vezes são desprezadas. Antes da prática esportiva, devemos con-*

siderar os direitos da criança. Ela precisa primeiramente brincar. Brincar de praticar esportes. (NISTA-PICCOLO, 1999, p. 9)

Cabe ressaltar que a maior parte dos resultados alcançados em competições esportivas são frutos de empenho familiar no financiamento da carreira do atleta e do seu esforço pessoal, que busca com recursos próprios as condições de aperfeiçoamento para a prática da modalidade esportiva, do que de um programa elaborado, em que a saúde, a educação e a integração estejam presentes.

Não podemos nos deixar levar por esses resultados, pois a realidade que nos cerca é totalmente contrária à necessária para a formação de um país forte na área esportiva, ou seja, saúde, moradia, educação, trabalho e recursos humanos (profissionais) e materiais que estão longe do mínimo necessário, não só para a prática do esporte, como também para a sobrevivência digna do ser humano.

É importante citar o aspecto esportivo, pois este é bastante explorado pela mídia e pela política, explorando esses resultados em muitas situações para benefícios próprios. Não queremos negar a importância do esporte e sua influência na sociedade, o que pretendemos demonstrar é que sua prática deve ser para o bem coletivo, e não para uma minoria.

O CORPO DO BRASILEIRO

Quais as influências causadas pela sociedade na qual vivemos, com suas regras e normas, hábitos e costumes?

Atualmente, como se encontra o cenário no Brasil para a prática de atividades relacionadas ao corpo e ao movimento? Ou colocado de outra forma, como está o corpo do brasileiro?

Uma verificação na distribuição de renda do nosso país constata que a pobreza e a miséria chegaram a números que mostram que a maioria da nossa população não possui as condições básicas de alimentação, moradia, atendimento médico, educação e trabalho para uma existência humana saudável. Esses fatores afetam sobremaneira o corpo dos indivíduos.

É importante ressaltar que muito do que vivemos nos dias de hoje advém da nossa colonização, que, de acordo com o historiador Caio Prado Júnior, foi uma colonização de exploração:

> Para compreender a nossa história é necessário pensar que a colonização do Brasil procurou obter produtos tropicais, isto é, inexistente na Europa. Esse sentido de colonização permite compreender as características de povoamento do Brasil, bem como vários aspectos da vida material e social da colônia... as características da colônia não são determinadas por misteriosas forças impostas pelo clima ou trazidas pelas raças formadoras, mas resultam do tipo de colonização imposto pela economia europeia. Assim, portanto, as características da vida brasileira não foram impostas pelo destino, mas por condições concretas que podem ser modificadas.
> (MEDINA, 1990, p. 79)

Através dos anos foi imposto ao brasileiro pensar que possui algumas características, tais como um povo que não gosta muito de trabalhar, que é conformado, alegre, pacífico etc., que de certa forma criaram nos indivíduos a sensação de que ele vive nesta situação por inteira responsabilidade e culpa sua.

Se relacionarmos os percentuais da população que vivem abaixo da linha da pobreza à imagem que os brasileiros fazem de si próprio, achando que isto ocorre devido a sua incapacidade, teremos encontrado um bom motivo para que esse tipo de pensamento continue como está.

A divisão da nossa sociedade em classes tão distintas produz um fenômeno que mostra que cada grupo enxerga o corpo de maneira diferente. Enquanto para alguns o corpo é estética, para outros é trabalho. Tal fato discrimina e distancia ainda mais as classes sociais.

> No Brasil, Rose Marie Muraro avançou nesta análise do corpo na perspectiva de classe,... suas pesquisas demonstram que a visão de corpo das pessoas varia segundo o segmento social ao qual pertencem.
> (MEDINA, 1990, p. 94)

A educação, e por consequência a Educação Física, acontecem dentro de um contexto social. Para cada momento histórico há uma necessidade social, política e econômica, que requer diferentes conceitos e conteúdos na prática das atividades pedagógicas. A orientação da prática da Educação Física no Brasil sempre esteve relacionada aos interesses políticos, econômicos e sociais, amparado por vezes através de leis, que nem sempre foram cumpridas exatamente por ir contra alguns dos interesses citados.

Neste contexto, a Educação Física pode ser dividida em três etapas principais:

- Primeiro momento: preocupação com a eugenia – final do século XIX: a introdução da educação física nas escolas deu-se principalmente para atender a necessidade de melhoria da imagem do brasileiro. O interesse era fazer com que os indivíduos adquirissem melhores condições físicas. A questão da eugenia, ideologia da melhoria da raça, apoiava-se na educação física. Tal conceito gerou uma discriminação para a prática de atividade física, em que somente os corpos "saudáveis" são vistos como aptos. Essa característica também existiu durante o período do Estado Novo.

- Segundo momento: treinamento corporal para melhoria da disciplina e da aptidão física da população – o processo de industrialização requeria indivíduos ágeis, com reflexos desenvolvidos e disciplinados, exigência que se acentuou a partir de 1964 com o golpe militar. A partir da instalação da ditadura militar, a disciplina era de fundamental importância para a consolidação do golpe. Criou-se a cultura de grandes programas esportivos, com a justificativa que era para combater o sedentarismo, a agitação dos centros urbanos etc.

- Terceiro momento: a massificação das atividades corporais como forma de utilização do tempo de lazer – a partir da década 70, a massificação das atividades corporais como forma de lazer tentava refletir a imagem de um avanço nas condições de vida da população. Também através da Educação Física, com a massificação das atividades corporais, os problemas sociais, econômicos e políticos ficavam em segundo plano. As consequências foram locais inadequados, mal equipados e sem profissionais especializados para orientar a prática de atividades físicas e esportivas.

E no momento atual, como está a prática da Educação Física?

A prática de atividades físicas que não levam em consideração o contexto social a qual está inserida traz sérias consequências para esta mesma sociedade.

> *Essas consequências não se limitam às quadras, piscinas, pistas ou ruas. Refletem a formação de pessoas de uma nação.* (BRUHNS, 1989, p. 93)

O que percebemos é que um grupo ainda pequeno de professores, mas com grande vontade de mudanças, não se limita a reproduzir uma cultura corporal que enaltece valores como preconceitos, discriminação e consumismo, que é passada para nossa sociedade, através desse sistema capitalista de produção. O que vem sendo discutido é um trabalho com bases sociais que leva em consideração o indivíduo como um ser integral, transmitindo a importância de valores educacionais, de saúde, de integração, de trabalho, enfim de tudo que interfere no corpo e no movimento das pessoas, que por sua vez formam a sociedade.

Ainda estamos longe do ideal, pois a prática ainda está relacionada de acordo com a classe social que está atuando, ou seja, o conteúdo ministrado nas aulas de Educação Física varia de acordo com o nível econômico e social dos alunos. Em uma escola de periferia, em que as carências são enormes, o professor normalmente desenvolve atividades relacionadas ao esporte, sem reflexões, o jogar pelo jogar; este mesmo professor em outra escola localizada em local de maiores recursos amplia o conteúdo das aulas, relacionando os movimentos a aspectos de saúde e sociais, levando os alunos a refletirem sobre o conteúdo ministrado e o relacionando com outras áreas, inserindo-o no contexto social em que está sendo aplicado.

Esta diferença é observada por dois aspectos principais: o primeiro é que cada indivíduo vê seu corpo e o movimento dependendo da classe social a qual pertence.

> *O profissional da Educação Física tem que estar sempre atento ao seu papel de agente renovador e transformador da comunidade de onde ele, via de regra, se apresenta como um líder natural. As pessoas e os grupos sociais – dependendo da classe a que pertençam – apresentam características especiais de comportamento, interesses e aspirações que os determinam ou condicionam... as consciências precisam ser agitadas e estimuladas no sentido de uma ampliação de suas possibilidades. E isto a Educação Física não tem levado em consideração. O seu papel tem sido muito mais o de uma domesticação, reforçando as consciências intransitivas e ingênuas, do que de uma superação (libertação) das limitações e dos bloqueios com os quais estamos envolvidos em termos de pensamento, sentimento e movimento.* (MEDINA, 1990, p. 63)

E o segundo é que em muitas oportunidades o profissional não está verdadeiramente comprometido com a Educação, com o desenvolvimento do indivíduo e consequentes modificações da sociedade.

> *Quem faz a Educação Física são as pessoas nela envolvidas de uma forma ou de outra. Assim, as finalidades, os objetivos, os conteúdos, os métodos e o próprio conceito dessa disciplina são condicionados pelo grau de consciência individual e coletiva dos que trabalham nessa área da atividade humana... um professor, por exemplo, precisa se comprometer com a sua visão educacional para poder desenvolver o seu trabalho eficientemente, contribuindo com o crescimento de seus alunos... Este, não se comprometendo com o que faz, não exala a energia necessária ao seu*

> *relacionamento com os alunos e demais pessoas que participam indiretamente do ato educativo.* (MEDINA, 1990, p. 73)

A Educação Física no Brasil está aberta a discussões, passando por um momento em que muitos trabalhos têm sido publicados, vários estudiosos de áreas como a filosofia, antropologia, sociologia, psicologia, cultura e educação têm dado atenção ao corpo e ao movimento. Surgiram nos últimos anos muitas publicações e pesquisas que auxiliam o professor de Educação Física a compreender que sua atuação não tem nenhuma relação com preparar alunos para desfiles cívicos, montar equipes esportivas para competição ou trabalhar o corpo (músculos) para adestramento físico.

Nesse momento, em que se acentuam as diferenças sociais, o professor de Educação Física, ciente de sua função dentro da Educação, pode e deve utilizar todos os conhecimentos produzidos pelas áreas filosóficas, antropológicas, sociológicas, culturais, psicológicas e educacionais, para trabalhar essas diferenças sociais e as marcas que produzem nos corpos das pessoas, para aproximar essas mesmas classes sociais e diminuir suas diferenças.

O CORPO E O MOVIMENTO RELACIONADOS A ASPECTOS CULTURAIS

Os aspectos culturais relacionados ao corpo e o movimento devem ser amplamente discutidos para que não ocorra uma visão equivocada de que a Educação Física deve incorporar em seu conteúdo tudo que é transmitido e assimilado pela sociedade.

Sabemos que através da cultura, normas e ideais intelectuais, afetivos, morais e físicos são transmitidos, e que estes são aprendidos pelos indivíduos através da Educação.

> *O corpo de cada indivíduo de um grupo cultural revela, assim, não somente sua singularidade pessoal, mas também tudo aquilo que caracteriza esse grupo como unidade.* (GONÇALVES, 1994, p. 13)

Os PCNs consideram a Educação Física como uma cultura corporal:

> *A proposta do Parâmetros Curriculares Nacionais adotou a distinção entre organismo – um sistema estritamente fisiológico – e corpo – que se relaciona dentro de um contexto sociocultural – e aborda os conteúdos da Educação Física como expressão de produções culturais, como conhecimentos historicamente acumulados e socialmente transmitidos. Portanto, a presente proposta entende a Educação Física como uma cultura corporal.* (PCNs, 1996, p. 25)

Devemos inicialmente entender o significado amplo de cultura ao qual nos referimos, para posteriormente relacionarmos com o corpo e o movimento.

> *Podemos definir a cultura pelos aspectos não biológicos da vida humana, incluindo aí, além da tecnologia, os valores morais, os costumes e as tradições de um povo. A cultura é, pois, um comportamento aprendido.* (OLIVEIRA, 1983, p. 70)

Partindo desse princípio, todos os homens possuem cultura, pois esta não é entendida como a aquisição de conhecimentos letrados, bastando viver em sociedade para adquiri-la.

> *A espécie humana só chegou a se constituir como tal pela concorrência simultânea de fatores culturais e biológicos... Porque todo e qualquer homem que se possa considerar será sempre influenciado pelos costumes de lugares particulares, não existindo um homem sem cultura.* (DAOLIO, 1995, p. 33 e 34)

O povo brasileiro tem no corpo e no movimento uma das maiores formas de expressar-se. O clima tropical predominante durante quase todo o ano, o fato de termos praias ao longo de toda nossa costa, o tipo de música e ritmo característicos, nossas festas regionais e nosso folclore, influenciam a forma de expressão corporal do brasileiro. Por vivermos em um sistema capitalista em que a produtividade é o maior objetivo, e no mundo globalizado, os interesses comerciais tem grande influência na maneira de agir e pensar dos indivíduos. Tal característica pode torná-lo alvo fácil para uma série de ações que têm como objetivo interesses ideológicos, financeiros e comerciais.

> *No corpo estão inscritos todas as regras, todas as normas e todos os valores de uma sociedade específica, por ser ele o meio de contato primário do indivíduo com o ambiente que o cerca.* (DAOLIO, 1995, p. 39)

A propaganda elaborada para aquisição de saúde e integração social dos indivíduos realizada pelas indústrias de materiais e acessórios esportivos, farmacêuticos e clínicas de tratamento trouxe consigo a ideia de que para a prática de atividades físicas é preciso o consumo de vários acessórios, medicamentos e tratamentos especializados. Os profissionais da Educação Física, através das aulas ministradas nas escolas, devem combater o consumismo e questionar os padrões de beleza estabelecidos, tornando claro que todos os indivíduos podem cuidar da saúde e integrar-se socialmente sem a necessidade do consumismo e preconceitos.

> *É preciso superar a visão do corpo como um simples objeto, um utensílio cuja preocupação básica é o rendimento e a produtividade tecida pelo lucro. O corpo não deve ser apenas um objeto sendo inscrito na categoria do jurídico, isto é, estar sempre sendo julgado como feio ou bonito, bom ou ruim, grande ou pequeno, forte ou fraco, magro ou gordo, feminino ou masculino, preto ou branco, sensual ou impotente, novo ou velho, rico ou pobre... e a partir daí ser discriminado, deixando-se de lado sua natureza dialética. O corpo não deve ser uma peça que cumpre a sua função (de produtor, reprodutor ou consumidor) dentro da engrenagem social de um capitalismo peri-*

> *férico, dependente e selvagem que tem como meta a lucratividade a qualquer custo.* (MEDINA, 2002, p. 69)

A influência cultural no corpo vem desde a gestação, biologicamente a vida começa no ato da concepção, quando então os indivíduos já recebem as marcas dos pais. Estes por sua vez recebem as influências que a sociedade lhes transmite.

> *As marcas sociais já se fazem sentir desde o processo de gestação. A mãe faminta e desesperada dificilmente deixará de cravar na carne de seu filho a cruz de uma existência mais limitada. Durante e após o parto, e durante o desenvolvimento inicial do corpo, o cultural começa a conspirar contra o biológico.* (MEDINA, 2002, p. 65)

A criança ao desenvolver-se tem inicialmente a relação da boca com o seio da mãe, depois as outras partes do corpo, as mãos, braços, pernas, olhos, ouvidos etc., todos integrados na busca de demonstrar mais vida. Os estágios seguintes vão em direção da busca pela autonomia, as pernas que provocam maior independência corporal, a boca e língua articuladas que expressam desconfortos e alegrias. O corpo vai, então, adquirindo hábitos e costumes, vai sendo incorporado pela cultura, um suporte de signos sociais.

> *É modelado como projeção do social. As instituições assumem seu papel. Como dizem, é necessária a preparação (do corpo) para o convívio em sociedade. É preciso aprender as regras sociais. Começa a divisão. O corpo da criança vai sendo violado por um conjunto de regras socioeconômicas que sufoca, domestica, oprime, reprime, educa. É assim que, culturalmente, se faz o nosso corpo. É assim que a sociedade o modela.* (MEDINA, 2002, p. 66)

O homem é um ser social, que não consegue viver individualmente, adaptar-se às regras e normas da sociedade é essencial para que consiga sobreviver e viver em harmonia.

As atividades corporais institucionais, e a Educação Física é uma delas, devem ter o cuidado de verificar quais os benefícios e prejuízos que determinadas práticas trarão ao indivíduo. Sendo o corpo humano biológico e cultural, algumas práticas culturais podem prejudicar o ser biológico, com deformidades que poderão ser anatômicas e fisiológicas.

O antropólogo e sociólogo francês Marcel Mauss:

> *considerou os gestos e os movimentos corporais como técnicas criadas pela cultura, passíveis de transmissão através das gerações e imbuídas de significados específicos. Afirmou também que uma determinada forma de uso do corpo pode influenciar a própria estrutura fisiológica dos indivíduos. Um dos exemplos que ele citou foi a posição de cócoras, adotada em vários países, que causa uma nova conformação muscular nos membros inferiores.* (DAOLIO, 1995, p. 38)

A forma de sentar-se, deitar-se, andar, correr, enfim, de expressar-se através dos gestos e movimentos, representam padrões sociais transmitidos de geração para geração, o que reafirma a necessidade daqueles que atuam na área de movimentos corporais ficarem atentos e não incorporarem na sua prática qualquer atividade cultural que possa vir a prejudicar o ser biológico.

> *Mesmo antes da criança nadar ou falar, ela já traz no corpo alguns comportamentos sociais, como o sorrir para determinadas brincadeiras, a forma de dormir, a necessidade de um certo tempo de sono, a postura no colo. Para reforçar esse ponto de vista, Kofes (1985) afirma que o corpo é expressão da cultura, portanto cada cultura vai se expressar por meio de diferentes corpos, porque se expressa diferente-*

> *mente como cultura. DaMatta chega a afirmar que (...) tudo indica que existem tantos corpos quanto há sociedades (1987, p. 76).* (DAOLIO, 1995, p. 39)

Distinguir cultura de modismo com interesses comerciais criados, principalmente, pelos meios de produção e amparados pelos meios comunicação, é de relevante importância, para que não se confunda o que deve ser transmitido às crianças.

O sistema educacional tem na Educação Física o instrumento para que esses conhecimentos sejam transmitidos, o corpo e o movimento trabalhados de maneira desvinculada a esses interesses, em que o compromisso seja com a saúde e a integração social e ao ambiente.

O que percebemos, atualmente, é um estímulo à sexualidade precoce e ao consumismo, através do uso de roupas e acessórios, e da expressão de gestos e movimentos sugeridos por músicas e danças, que em nada acrescentam no desenvolvimento biológico e cultural, ao contrário, manipulam atitudes e buscam fixar padrões estéticos de beleza e comportamento, que nada tem a ver com as tradições culturais do nosso país.

A proliferação da "cultura da propaganda", podemos assim chamar, tem feito com que nossos costumes e hábitos venham se modificando, podendo citar alguns exemplos: nosso homem "caipira do interior", que andava a cavalo e cuidava da terra, foi transformado em "peões de rodeio" que andam de caminhonete; nosso samba e sambistas passaram a ser respectivamente músicas de pagode dançados por "musas" com coreografias que dependem da letra cantada; nossos jovens estão sendo estimulados ao consumo de bebidas alcoólicas e cigarros porque através dele serão mais bem aceitos ao convívio social. Tudo isso tendo como principal perspectiva a ascensão social por parte de seus praticantes e usuários.

> *Hoje a população brasileira é composta por cerca de 140 milhões de pessoas, dos quais perto de 65% (segundo dados do próprio governo) vivem entre a pobreza e a miséria absoluta. Esta é a situação escandalosa em que se encontram os corpos brasileiros.* (MEDINA, 1990, p. 70)

As atividades corporais vistas sob o ângulo de fenômeno ou produção cultural devem ser questionadas na sua origem, objetivos e consequências, ou seja, por que foram criadas, o que se pretende com sua prática e qual o resultado obtido no âmbito social.

O profissional de Educação Física deve ter consciência desse estado de coisas para que possa com o planejamento de suas aulas viabilizar a discussão e reflexão dos seus alunos sobre estes assuntos. Deve deixar de ser um mero reprodutor da "cultura da propaganda" para atuar de forma que possibilite a todos uma expressão corporal livre de preconceitos e discriminações.

> *Somente as atividades que se dediquem a pensar e viver o corpo, e que se proponham a modificar as regras que inibem a consciência corporal, dificultarão a manipulação desse corpo no qual o homem vive.*
> (BRUHNS, 1989, p. 107)

Levando em consideração todas as colocações, podemos observar que ao trabalhar com crianças de sete a dez anos no ensino fundamental, período em que há o contato inicial com uma forma sistemática de atividade física, que são as aulas de Educação Física, deve-se ter grande responsabilidade no planejamento e elaboração das atividades propostas.

O CORPO E O MOVIMENTO RELACIONADOS A ASPECTOS PSICOLÓGICOS

Relacionar a Psicologia ao corpo e ao movimento poderia representar há alguns anos algo impensável. A metafísica cartesiana dividiu o ser humano em corpo e mente, dando importância somente para o aspecto intelectual, deixando claro que o corpo nada tinha a ver com a mente, e a mente nenhuma relação com o corpo. Pouca ou nenhuma importância foi dada à sensibilidade. A fragmentação do homem fez com que as ciências os interpretassem de maneira segmentada, por partes, e coube à Psicologia a parte mental desse homem.

Durante muito tempo, a Psicologia ao tratar do homem só levava em consideração o processo mental, assim como a Educação Física só considerava o aspecto físico; atualmente, tanto a Psicologia como a Educação Física levam em consideração o homem na sua totalidade, um ser dotado de mente, corpo e emoções, e suas inter-relações.

Os PCNs abordam esse aspecto quando orientam sobre a "afetividade e estilo pessoal":

> *Neste item pretende-se refletir de que forma os afetos, sentimentos e sensações do aluno interagem com a aprendizagem das práticas da cultura corporal e, ao mesmo tempo, de que maneira a aprendizagem dessas práticas contribui para a construção de um estilo pessoal de atuação e relação interpessoal dentro desses contextos.* (PCNs, 1996, p. 37)

Ao levar em consideração os afetos, sentimentos e sensações dos alunos, os PCNs nos possibilitam abordar "a imagem e a consciência corporal" que cada indivíduo possui.

Descrevendo sobre esse assunto – a imagem e consciência corporal – e relacionando-o à Psicologia, abordaremos sua influência no processo de aprendizagem, por este ser um dos componentes principais da Psicologia e da Educação Física, o que torna estreita a relação dessas duas atividades, e por ser este conceito um dos principais para o desenvolvimento harmônico e integral do ser humano.

O que pode dificultar o desenvolvimento de um indivíduo é a imagem que ela faz do seu corpo, como ele se vê neste corpo, e em que isso afeta suas atitudes.

Colocamos a seguinte questão para reflexão: Como é formada (ou moldada) a imagem e a consciência corporal de cada um? A palavra "formada" utilizada pode ser exatamente no sentido de "forma" ou "molde", porque infelizmente é exatamente dessa maneira que acontece desde quando nascemos e começamos a nos relacionar com o mundo.

A imagem corporal que fazemos do nosso corpo é como se não fosse nossa, pois a cultura e a sociedade nos influenciam de maneira tão acentuada que passamos a pensar e agir conforme os padrões por elas estabelecidos.

No início do contato com o ambiente, a exploração do espaço e dos objetos é inerente ao ser humano, fazendo parte do cotidiano das crianças. Através da percepção, da sensibilidade, do corpo, a criança começa a reconhecer tudo que a rodeia, e ao mesmo tempo, passa a se conhecer.

Poderíamos neste ponto usar como base o pensamento de D.H. Lawrence:

> *A vida do corpo é a vida das sensações e das emoções. O corpo sente a fome real, a sede real, a alegria real do sol e da neve, o prazer do cheiro real das rosas ou um olhar arbusto de lilás; a raiva real, o calor real, a paixão real, o ódio real, o luto real. Todas as emoções pertencem ao corpo e a mente apenas as reconhece.*
> (LAWRENCE apud BRUHNS, 1989, p. 61)

Ao realizar a exploração de tudo que o cerca, o homem aprende, a partir das experiências, do contato que seu corpo faz com o mundo, apropriando-se do que é natural e do que a ele pertence enquanto ser humano: seus movimentos.

O movimento de manipulação, que vai do tocar, do pegar, do agarrar, até o soltar ou arremessar; os movimentos de deslocamento, iniciando pelo rolar e passando pelo rastejar, engatinhar, trepar, andar e correr; todos esses movimentos são naturais da criança, fazendo parte do processo de amadurecimento do sistema nervoso, e são de extrema importância para o processo cognitivo de aprendizagem.

Através desses movimentos o mundo é apresentado a elas ao mesmo tempo em que elas se apresentam ao mundo. Podemos utilizar o pensamento de Merleau-Ponty que se refere ao homem como um ser-no-mundo:

> *O fenômeno da motricidade humana, em suas relações espaciais e temporais, é compreendido por Merleau-Ponty também na perspectiva de ser-no--mundo: a motricidade como intencionalidade ori-*

> ginal. Aprendemos um movimento ou adquirimos um hábito motor quando o corpo incorporou a seu mundo, e realizar um movimento corporal é visar às coisas do mundo por meio do corpo, sem o intermédio de nenhuma representação. A motricidade não é, pois, como uma serva da consciência, que transporta o corpo no espaço que representamos primeiramente. O tempo e o espaço não são dimensões objetivas: estou no tempo e no espaço, meu corpo aplica-se a eles e os envolve. O movimento do corpo não deriva de uma decisão do espírito, não é um fazer absoluto, que, do fundo do retiro subjetivo, decretasse alguma mudança de lugar miraculosamente executada na extensão. Ele é a sequência natural e o amadurecimento de uma visão. (GONÇALVES, 1994, p. 67)

Essa relação homem-mundo envolve outros aspectos, que não físicos, tais como a curiosidade, ansiedade, expectativa, afirmação, segurança, confiança, lógica, classificação, seriação, enfim, percepções emocionais e cognitivas que fazem parte do desenvolvimento do ser humano e compõe sua imagem corporal.

A criança incentivada e estimulada a essa exploração do ambiente terá uma gama maior de respostas a tudo que lhe for solicitado, não se restringindo somente à melhora no aspecto motor, mas sim na sua totalidade, ou seja, mental (cognitivo), sensorial (motor) e emocional (social).

O que temos percebido através da experiência é que tanto a família, quanto a escola, em muitas oportunidades não incentivam ou estimulam para essa prática de exploração, de movimentação; contrariamente, as crianças são orientadas para terem cuidado com seus movimentos, não tocarem nos objetos, não correrem, não pularem, ficarem quietinhas para não quebrar ou desarrumar algo. Para muitos pais e professores, a concepção de criança educada é aquela que quanto menos ela for notada, através de seus movimentos, mais educada ela é.

O que modifica esse processo natural de exploração e movimentação é exatamente esse conceito de educação, a interferência da cultura e do ambiente social ao qual essa criança está inserida e que marcará seu comportamento, interferindo diretamente na imagem e consciência corporal que ela passará a fazer de si mesma.

Os inúmeros "não faça isso" que a criança recebe acabam enfatizando a negação do seu corpo, seu fechamento, seu isolamento e mau uso, algo que as terapias tentarão corrigir em adultos de pensamento e corpo rígidos, incapazes de se relacionar, e o que é pior, inflexíveis a mudanças e cheios de preconceitos.

O que precisamos destacar é que os padrões corporais estabelecidos pela sociedade e sua cultura fazem com que os indivíduos sejam obrigados a segui-los, o que tem como consequência a perda da sua própria identificação com o corpo. A imagem corporal que cada pessoa deveria ter, como ser único que é, não acontece, ocasionando doenças psicossomáticas que, ao serem tratadas na sua origem, ou seja, na mente das pessoas, têm seu reflexo no corpo curado.

> *Isso pode ser observado mais claramente no meu trabalho terapêutico... essa reeducação não pode ter um caráter somente mental, psicológico, porque simplesmente não podemos separar um tipo de funcionamento do organismo das outras funções. Por exemplo, quando estamos trabalhando as emoções, no momento conseguimos vivenciá-las, colocá-las para fora, percebê-las, conseguimos tirar as tensões corporais, mudar o estado fisiológico, etc... Isso significa que o trabalho emocional está diretamente relacionado com as funções musculares e fisiológicas.* (BRUHNS, 1989, p. 66 e 67)

A gravidade maior é que essa perda de identidade não acontece só no plano físico, mas no homem como um todo, na sua integridade psíquica, física e emocional.

> *As doenças psicossomáticas existentes em nossa época mostram uma relação intrínseca com as características desumanizantes da sociedade moderna. A literatura nos fornece estudos que revelam a origem social*

> *de inúmeras doenças, como, por exemplo, infarto do miocárdio, úlcera estomacal, hipertensão etc., incluindo até a predisposição para doenças infecciosas. A atividade excessiva de trabalho, a concorrência, a ambição, o controle das emoções em virtude da necessidade de adaptação social, são as características da personalidade com tendências ao infarto, características essas que correspondem ao ideal de educação da sociedade burguesa.* (GONÇALVES, 1994, p. 154 e 155)

Entramos, então, em um processo de imitação, fazendo com que crianças e jovens copiem gestos e pensamentos dos familiares, dos ídolos e da cultura que lhe é imposta pela sociedade. E nem sempre estes são bons exemplos a serem seguidos. Marcel Mauss, a propósito desse assunto, afirma:

> *As pessoas, principalmente as crianças, imitam atos que obtiveram êxito e que foram bem-sucedidos em pessoas que detêm prestígio e autoridade no grupo social... É precisamente nesta noção de prestígio da pessoa que torna o ato ordenado, autorizado e provado, em relação ao indivíduo imitador, que se encontra todo o elemento social... Na pessoa que aprende o gesto tradicional e no seu imitador, podem encontrar-se, respectivamente, os componentes psicológicos e fisiológicos. Vê-se assim o fato social manifesto como um todo: um elemento tradicional valorizado numa sociedade sendo transmitido a um indivíduo dotado de uma unidade psíquica por meio da utilização de seu componente fisiológico.* (DAOLIO, 1995, p. 46 e 47)

Depois do exposto, podemos considerar que o profissional da área de psicologia teria como função a reconstrução da imagem e da consciência corporal das pessoas que se encontram em desequilíbrio, levando-as à tomada de consciência de si mesmo, e utilizando a atividade corporal como um dos meios para que isso ocorra.

Caberia então aos professores de Educação Física trabalhar conceitos relacionados à Psicologia, principalmente à autoestima, por isso quando o professor de Educação Física trabalha com os alunos durante uma aula que todos adoram, ele lida com o prazer, e já é cientificamente provado que aquilo que dá prazer fica na inteligência, aquilo que não dá prazer a memória esquece, então, o professor de Educação Física é muitas vezes aquele que vai conseguir resgatar o próprio prazer, facilitando o aprendizado cognitivo.

> *Nenhum exercício físico será incorporado como hábito regular se este não trouxer alguma forma de prazer ou recompensa. A atividade física que se inicia como obrigação ou sacrifício será, com certeza, rapidamente abandonada, por mais consciente que o indivíduo possa estar do seu real benefício.* (BARROS NETO, 1997, p. 4)

O CORPO E O MOVIMENTO RELACIONADOS A ASPECTOS EDUCACIONAIS

Ao relacionarmos a Educação Física com a Educação geral, estamos colocando-a como parte de um processo no qual todo ser humano participa. O desenvolvimento de cada indivíduo é caracterizado de acordo com as condições sociais, ambientais, econômicas e educacionais que lhe forem dadas.

Cabe então analisarmos em que contexto educacional o brasileiro está inserido, para podermos verificar que tipo de Educação Física é praticada.

Vamos iniciar uma análise através do significado das palavras Educação, Educar e Físico, para podermos refletir sobre a Educação Física e suas relações com a Educação.

Para o termo Educação, encontramos o seguinte significado:

> *1. desenvolvimento das faculdades do ser humano, 2. desenvolvimento e aperfeiçoamento de uma função pelo próprio exercício, 3. Ensino, 4. Civilidade.* (AURÉLIO)

A Educação está atrelada ao ato de educar, e ao observarmos o sentido da palavra Educar, encontramos:

> 1. dar educação, 2. formar a inteligência e o caráter, 3. cultivar a inteligência; instruir-se. (AURÉLIO)

Para a palavra Físico, temos:

> adj. Material, corpóreo; conjunto das qualidades externas do ser humano; aspecto. (AURÉLIO)

Percebemos pelo significado das palavras Educação e Educar o sentido de fragmentação e a predominância do aspecto intelectual em relação ao corporal.

Associando os significados pesquisados, podemos relacionar a Educação Física no contexto educacional como sendo a responsável pelo desenvolvimento do aspecto corpóreo, da matéria que constitui o ser humano.

Essa afirmação nos parece absurda após termos relacionado a Educação Física com todas as áreas que dizem respeito ao ser humano, conforme fizemos até aqui. Todos os estudos realizados nas áreas de Antropologia, Filosofia, Sociologia, Cultura e Psicologia demonstram um homem preocupado e tentando entender suas relações consigo, com o ambiente (mundo) e com demais pessoas (sociedade).

De uma forma ou de outra, durante toda sua evolução, ele sempre esteve condicionado a esses aspectos.

Ao relacionarmos a Educação Física e a Filosofia, vimos que o homem se concretiza no mundo, modificando-se e transformando esse mundo (ser-no-mundo); na Antropologia o homem nos foi mostrado como um ser biológico e cultural, em que se mostra como um ser incompleto, que só se constrói por inteiro nessa relação com a sociedade e com a cultura. A Sociologia nos mostra um homem como ser social, cujas individualidades só tem sentido na sociedade; a Cultura como parte inerente da sua formação, em que características são determinadas antes mesmo do seu nascimento, pois ao nascer ele já carrega as marcas culturais da sociedade em que vive; a imagem e consciência corporal que o homem possui de si mesmo traz na Psicologia os significados de suas atitudes de acordo como se vê.

Por tudo isso, entendemos que a educação do ser humano não se dá apenas através da transmissão de conceitos, de palavras, ela ocorre na sua relação com o mundo e com a sociedade, o seu desenvolvimento ocorre nessa troca, no sentir seu corpo e na sua integração com o ambiente e com os demais seres.

Uma Educação pensada no homem na sua totalidade significa que este não pode ser considerado de maneira fragmentada, dividido em faculdades a serem desenvolvidas separadamente.

Então o significado de Educação e Educação Física em nada teria a ver com a definição encontrada no conceito das palavras, passando a ser construído nas ações concretas do homem durante sua existência.

> *... o homem é um ser por se fazer. Um ser incompleto, inacabado, e que só é viável por meio de suas relações com os outros seres e com o mundo... a educação seria um processo pelo qual os seres humanos buscam sistemática ou assistematicamente o desenvolvimento de todas as suas potencialidades, sempre no sentido de autorrealização, em conformidade com a própria realização da sociedade.* (MEDINA, 1990, p. 47)

Entraremos no campo da Educação, verificando como ela se dá no nosso país, para tentarmos entender o porquê de a Educação Física ser tão discriminada no contexto educacional, com seus profissionais desvalorizados, e, se não for muita pretensão, como mudar tal estado de coisas.

A Educação no Brasil segue o paradigma mecanicista, em que o mundo e o homem são divididos em partes, ou seja, o indivíduo visto de maneira fragmentada para que os conhecimentos científicos transmitidos pela educação preencham suas partes.

Assim, os conteúdos ministrados em sala de aula dizem respeito ao pensar, ao raciocínio e à inteligência, cabendo à Educação Física a responsabilidade de desenvolver o corpo, este visto como a matéria, a parte externa, em que não é necessário pensar para agir.

O processo educativo passa, então, a transmitir conceitos para serem assimilados sem contestações, tornando-se, na maioria das vezes, sem significado, pois se as teorias não podem ser colocadas em prática pelos alunos, tornam-se sem sentido.

Com a prática dessa educação mecanicista e acrítica, formamos cidadãos sem autonomia e sem noção da sua totalidade.

Entrevistamos pessoas nas ruas, praças e parques de São Bernardo do Campo, e o que encontramos são indivíduos sem a noção do corpo na sua totalidade, tendo uma imagem corporal fragmentada, fruto do tipo de Educação a qual foi submetido:

Andressa, 17 anos: "a parte mais importante do corpo é o coração porque é ele que comanda tudo".

Cleide, 39 anos: "o nosso corpo é muito importante, a nossa vida é nosso corpo, também a nossa saúde. O ser humano tem que ter a mente, tem que ter o corpo, tudo nosso é no corpo, o corpo humano é dividido em três partes, cabeça, tronco e membros, e tem também 220 ossos. Se não fosse nosso corpo não existiria vida".

Podemos perceber isso quando observamos o corpo como objeto de estudo das ciências, o tratamento a ele dispensado não só proporciona sua segmentação, como também o transforma em muitas oportunidades, em algo desprovido de vida, comparando-o a uma máquina.

> *Os biólogos se empenham na dissecação do corpo humano até seus componentes mais íntimos; ao fazê-lo, reúnem uma quantidade impressionante de conhecimentos acerca de seus mecanismos celulares e moleculares, mas ainda não sabemos com respiramos, como regulamos a temperatura do nosso corpo, digerimos ou concentramos a atenção... na medicina, o mesmo autor aponta que, como o corpo humano é considerado máquina a ser analisada em termos de suas peças, a doença é vista como um funcionamento inadequado dos mecanismos biológicos, transformando a função médica na intervenção física ou química para o conserto do mecanismo enguiçado.* (MOREIRA, 1992, p. 201)

Para dar embasamento prático nos conceitos acima emitidos que comparam o corpo humano a uma máquina, vamos ver como algumas pessoas veem seu corpo:

> *Em 1965, em uma aula de projetos técnicos e mecânicos, um professor chegou e disse que naquela aula ele iria falar sobre o tempo de duração e o desgaste das peças, das engrenagens. Após todo o levantamento da estrutura, da vida das peças, ele chegou e falou: – Vocês sabem qual a máquina mais maravilhosa, é seu corpo, porque um carro pode durar vinte anos, mas você tem que trocar peças, mas o nosso corpo, esse ser, quantos anos ele dura? Com 57 anos não fiz nenhuma reposição, comecei a fazer, você vai colocar uma prótese, uma dentadura, agora entre a peça, que o ser humano acha que aquele metal dura mais, como é que o nosso corpo não se desgasta? Por exemplo, uma caldeira, depois de quinze anos de fabricação de óleo, ela se desgastou, ela teve contaminação; o nosso corpo, a nossa parte digestiva é quase a mesma coisa, ela é quase igual à peça de uma caldeira, ela desgasta fácil? Não.* (Antonio, 57 anos, entrevistado em 17 de julho de 2004, em São Bernardo do Campo)

> *Eu analiso que o corpo é uma máquina, máquina que funciona e que se tiver um erro ela vai trazer problema. O médico eu comparo com um mecânico.* (Hélio, 57 anos, entrevistado em 17 de julho de 2004, em São Bernardo do Campo)

A consequência para uma sociedade que tem seu desenvolvimento baseado neste tipo de sistema educacional seria:

1. O desenvolvimento de um ser humano individualista, sem compromisso social, pois, compreendido de maneira fragmentada, não será atingida sua totalidade, o que acaba desenvolvendo um ser cuja maior preocupação é a satisfação das suas necessidades individuais, a satisfação somente de sobrevivência; e, para outros, a oportunidade de ascensão social, tendo como resultado final o distanciamento das classes sociais, onde os ricos se tornam cada vez mais ricos, e a miséria, cada vez maior;

2. A manutenção dos problemas sociais, pois as pessoas se sentem impotentes diante da situação, não encontrando formas de modificá-la;

3. Um ser humano fragilizado naquilo que ele teria que ter como a maior das suas características: a humanidade, demonstrada através de sentimentos como solidariedade, respeito pelo próximo, compaixão e amor.

O sistema educacional atual é fértil em produzir (o termo produzir é utilizado propositadamente, pois a produção na nossa sociedade preocupa-se mais com a quantidade do que com a qualidade) profissionais sem a qualificação necessária para o desempenho de suas funções dentro da sociedade em que vive.

Não estamos falando apenas de conhecimentos técnicos e específicos da área de formação, mas, principalmente, de como colocar o aprendizado em prática, lidando com aspectos humanos, que são, a princípio, prioritários nas relações entre os homens.

O jornal *Folha de S. Paulo*, de 18 de julho de 2004, publicou no seu caderno de empregos uma reportagem com os seguintes textos:

> *Atletas buscam superação e vitória. Executivos também. Os primeiros usam a sabedoria, a serenidade e a persistência para chegar lá. Se, unido a isso, os executivos conhecerem seus pontos fortes e fracos e compreenderem as relações humanas, podem tornar-se craques coorporativos (...). As pessoas precisam entender que são capazes e fazem a diferença. Sozinhos, porém, não fazemos nada (...). O que se espera do funcionário é que ele valorize características como ética, seriedade e boa conduta na vida profissional e pessoal.*

A Educação que deveria cumprir seu papel no desenvolvimento do homem, propiciando sua integração com a sociedade e com o mundo, fazendo das relações humanas sua base, no Brasil caminha em direção oposta, construindo um homem sem noção de sua totalidade, que direciona suas ações para fins pessoais e egoístas.

> Formamos nas escolas economistas, mas não temos justiça social; temos um curso específico para bacharéis em Medicina, mas a população não tem saúde; os advogados saem das escolas de Direito e as nossas leis, por eles promulgadas, não legitimam as relações entre os seres humanos; temos políticos, que passaram por todos os bancos e graus de escolaridade, com fluentes discursos e, no entanto, não se sensibilizam com as necessidades do ser humano. (MOREIRA, 1992, p. 202)

> Mas de que valem as profissões e o próprio trabalho, se não contribuírem para dar soluções aos nossos problemas mais essenciais e em melhorar a qualidade de nossa existência. (MEDINA, 1990, p. 40)

Relacionar a Educação Física ao contexto educacional vigente é como se estivéssemos montando um quebra-cabeça, e a ela coubesse preencher os espaços destinados aos braços e as pernas, pois é dessa maneira que ela é considerada na maior parte das escolas. Para a prática da Educação Física não é necessário pensar, serve apenas para fazer com que as pernas saltem e corram, e os braços agarrem e arremessem; deixamos para pensar durante as aulas de Matemática, Física, Química, Ciências, Português, Biologia, enfim, na sala de aula. Podemos formular algumas questões:

A Biologia não tem no seu conteúdo os aspectos fisiológicos e anatômicos do ser humano? O que circulação sanguínea, digestão, respiração, fontes de produção de energia tem a ver com Educação Física?

Para o aprendizado da leitura e da escrita nas aulas de Português e para a classificação, ordenação e seriação na Matemática, a criança não deve possuir uma esquematização corporal, noção de orientação espacial, temporal, lateralidade? O que isso tem a ver com Educação Física?

Para a aprendizagem na Física da cinemática que estuda os movimentos dos corpos, da cinética que trata dos efeitos da força sobre os movimentos dos corpos, da mecânica que estuda os movimentos e as forças que os provocam; não seria mais fácil o entendimento primeiro do nosso corpo e dos seus movimentos? O que corpo e movimento têm a ver com Educação Física?

As colocações mencionadas servem para ilustrar como a dicotomia corpo e mente que permeia nossa Educação cerceia o entendimento e a compreensão da totalidade, comprometendo e desenvolvimento do ser humano nas resoluções dos seus problemas individuais e coletivos. Pode parecer contraditório, mas uma Educação que privilegia o intelectual em detrimento ao corporal acaba formando indivíduos incapazes de pensar.

Alguns motivos colaboram para a discriminação que a Educação Física sofre no contexto educacional: ocorre porque o capital e o trabalho que formam o suporte para a nossa economia, tendo na produtividade e no consumo seus maiores objetivos, valorizam mais os aspectos intelectuais do que os manuais; ocorre porque cada vez menos os indivíduos utilizam-se do seu corpo, o que reflete no planejamento do sistema educacional.

A discriminação da área de Educação Física também é de responsabilidade de seus profissionais, porque também entendem e trabalham com essa dicotomia mente e corpo, priorizando ações sem a reflexão, alienando sua prática.

O professor de Educação Física deve apropriar-se de conhecimentos para que o planejamento de suas aulas tenham conteúdos significativos, entender que a percepção do mundo vem antes da consciência, ou o que o indivíduo sente antes de pensar, mas que, após o sentir, para sua integração, ele deve refletir sobre suas ações.

A Educação Física, dentro da Educação, serviu a diversos papéis desde sua introdução nas escolas: com função higienista e de eugenia no seu início; para aumentar a produtividade no período da industrialização; como suporte para os regimes governamentais, principalmente no regime militar... E atualmente, qual sua finalidade?

Um bom propósito seria aquele em que suas atividades servissem para auxiliar a construir a autonomia e crítica dos cidadãos, não emprestando seus conteúdos e profissionais para representar qualquer tipo de papel político, econômico ou social, cujos objetivos normalmente têm como fim a manipulação dos indivíduos.

> *Somente as atividades que se dediquem a pensar e viver o corpo e que se proponham a modificar as regras que inibem a consciência corporal dificultarão a manipulação desse corpo no qual o homem vive.* (BRUHNS, 1989, p. 107)

A Lei de Diretrizes e Bases de 1996, com a elaboração dos Parâmetros Curriculares Nacionais, criou objetivos para a Educação Física que ultrapassam os limites e imposições estabelecidos por momento histórico ou qualquer outro interesse que não seja o indivíduo e suas relações naturais com o meio em que vive.

Se o corpo e o movimento são os alicerces dos conteúdos da Educação Física, com objetivos de saúde, de integração social e ao meio ambiente, a atuação dos profissionais da área deve ser planejada para atingir essas finalidades, independente de situação política, social ou econômica. Para que isso ocorra, faz-se necessária uma reestruturação dos cursos oferecidos para a formação desse profissional, para que novos conhecimentos sejam transmitidos e, a partir dessas experiências, ocorra a modificação interna do profissional e a transformação externa da sociedade, que tanto se faz necessária no nosso país.

Se no início deste capítulo procuramos na definição das palavras o significado de Educar, Físico e Educação, fechamos com a seguinte indagação:

> *(...) a noção de relação com o saber traz à luz questões, ao mesmo tempo, mais amplas, de ordem antropológica, e mais pontuais, de ordem didática (...): pensar a educação simultaneamente como um movimento antropológico de humanização, como um conjunto de processos socioculturais e como um confronto com saberes específicos, com práticas sociais determinadas?* (CHARLOT, 2001, p. 12 e 13)

QUE TIPO DE CULTURA CORPORAL É TRANSMITIDA NA PRÁTICA DA EDUCAÇÃO FÍSICA ESCOLAR?

Capítulo 2

Antes de descrevermos sobre A Educação Física como Cultura Corporal, cabe o estudo sobre conceitos da Educação e da Cultura, pois estas se encontram intrinsecamente relacionadas.

Em relação à Educação, seu significado refere-se:

> À transmissão e ao aprendizado das técnicas culturais, que são as técnicas de uso, de produção e de comportamento, mediante as quais um grupo de homens é capaz de satisfazer suas necessidades, de proteger-se contra a hostilidade do ambiente físico e biológico, e trabalhar em conjunto, de modo mais ou menos ordenado e pacífico. (ABBAGNANO, p. 305 e 306)

Ou seja, cabe à Educação a transmissão de geração para geração do conjunto dessas técnicas, que se chama Cultura, utilizando-se de variadas modalidades e formas para garantir que isso ocorra.

Já a Cultura possui dois significados básicos. No primeiro e mais antigo está relacionada ao homem na sua formação, melhoria e refinamento. É algo relacionado ao indivíduo, em que o homem através da aprendizagem da poesia, da eloquência, da filosofia, entre outras "boas artes", tornar-se-ia o homem verdadeiro, genuíno e perfeito.

No segundo significado, a Cultura tem um sentido de produto dessa formação, ou seja, "o conjunto dos modos de viver e de pensar cultivados, civilizados, polidos, que também costumam ser indicados pelo nome de civilização" (ABBAGNANO, p. 225).

Nesse sentido a Cultura não é individual, é algo coletivo, pertencente a um grupo social. A antropologia e a sociologia utilizam esse termo atualmente para "indicar os modos de vida criados, adquiridos e transmitidos de uma geração para outra entre os membros de determinada sociedade" (IBIDEM, p. 225).

A passagem do primeiro significado de Cultura para o segundo deu-se a partir da filosofia Iluminista, no século XVIII.

Elucidadas as questões sobre Educação e Cultura, podemos discorrer sobre a Educação Física como Cultura Corporal com um pouco mais de propriedade.

Neste ponto cabem algumas questões sobre as quais faremos uma reflexão:

1. Que tipo de Cultura Corporal a Educação Física vem transmitindo de geração para geração?
2. Que corpo e que movimento são levados em consideração para crianças e jovens da nossa sociedade na prática da Educação Física escolar?

Em relação à primeira questão, se como vimos a Educação é a responsável pela transmissão da Cultura, de geração para geração, a Educação Física escolar deve urgentemente repensar que tipo de Cultura Corporal vem transmitindo durante todos estes anos. Talvez uma boa maneira de avaliar sua prática seja os números demonstrados na pesquisa da Unesco sobre os hábitos esportivos dos jovens brasileiros de 15 a 29 anos, divulgada no fim de janeiro de 2005. O resultado final apontou que 57% dos jovens não praticam qualquer atividade esportiva. Estar estudando, no entanto, parece ser o grande facilitador para a prática esportiva. Dos dez mil entrevistados em todo o país, 52% dos jovens que estudam praticam esportes, mas dos que estão fora da escola, apenas 37% fazem alguma prática esportiva. A pesquisa mostra também que a prática de esportes está relacionada com a condição socioeconômica da população, jovens com baixa escolaridade e cuja renda familiar se limita a até dois salários mínimos são os mais distantes da prática esportiva: 66,8% (um salário mínimo) e 58,5% (dois salários) afirmaram não praticar nada. Entre os pesquisados cuja família recebe mais de 10 salários, 55,7% fazem esportes; de 5 a 10 salários são 51% e de dois a cinco salários, 46,1%. Pela pesquisa da Unesco, a escola continua sendo o local onde os jovens mais praticam esportes (46%).

Ao analisarmos a pesquisa, fica claro que, mesmo considerando todas as adversidades para o profissional da área de Educação Física, até os alunos que passaram pela escola, tendo aulas regulares de Educação Física, não foram sensibilizados para a importância da prática da atividade física. De alguma maneira o professor deixou de utilizar o momento da sua aula para despertar nos seus alunos o prazer na realização de algum tipo de atividade física, seja o esporte, o jogo, a dança, as lutas ou a ginástica, e a importância dessa prática para a melhoria da qualidade de vida.

Citamos esses exemplos por serem, de acordo com os PCNs, as produções da cultura corporal assimiladas pela Educação Física em seus conteúdos.

Sabemos que existem diversos fatores para tal situação, mas é importante que o professor veja qual sua parcela de responsabilidade por este estado de coisas. Um bom início é rever seu planejamento, verificar se está possibilitando a todos, de maneira inclusiva, a prática das atividades propostas; verificar se está, como sugerido pelos PCNs, trabalhando Blocos de Conteúdos que contenham:

- Conhecimentos sobre o corpo;
- Atividades rítmicas e expressivas;
- Esportes, jogos, lutas e ginástica.

Em relação à segunda questão, a observação a ser feita é que a criança e o jovem a serem pensados são aqueles que fazem parte de um país com deficiências e/ou maus hábitos de alimentação; com distribuição de renda que coloca situações antagônicas, como a miséria e a riqueza convivendo lado a lado; com leis de propaganda equivocadas que permitem com que bebidas e cigarros sejam mostrados em horários impróprios e associados à imagem de prazer e sucesso; enfim, um país que não tem uma política de saúde e educação minimamente satisfatórias para o desenvolvimento social.

Para esse tipo de situação, somente uma boa formação e constante reciclagem do professor, e o comprometimento social de todos os envolvidos no processo educacional, poderão alterar ou minimizar os problemas existentes.

Uma Educação Física que pensa o ser humano em todos os seus aspectos – físico, afetivo, cognitivo e social – e que trabalha valores éticos e morais para o bem da sociedade transmitirá uma Cultura Corporal que pode fazer a diferença na formação de cidadãos brasileiros.

REPLANEJANDO A EDUCAÇÃO FÍSICA ESCOLAR

Capítulo 3

Sugerimos abranger no planejamento da Educação Física os seguintes aspectos:

1. Os Blocos de conteúdos a serem desenvolvidos de acordo com os PCNs.
2. Os percentuais a serem distribuídos de acordo com a faixa etária, segundo o trabalho realizado pelo Prof. Dr. Amauri Aparecido Bássoli de Oliveira, da Universidade de Maringá.
3. As condições de estrutura física, de pessoal e de materiais oferecidas.
4. O significado da Educação Física para a escola em questão.
5. O conhecimento dos professores em relação às orientações dos PCNs – volume 7.

BLOCOS DE CONTEÚDOS

De acordo com os PCNs, os conteúdos são divididos em três blocos a serem desenvolvidos no Ensino Fundamental. Os conteúdos são flexíveis e podem ser trabalhados articulando-se entre si:

1. Esportes, jogos, lutas e ginásticas;
2. Conhecimentos sobre o corpo;
3. Atividades rítmicas e expressivas.

O bloco de conteúdo "Conhecimentos sobre o corpo" é bastante abordado nos demais, proporcionando ao professor, por exemplo, explicações sobre o funcionamento do organismo em atividades práticas de corridas, jogos e danças. Realizando um trabalho interdisciplinar com a área de Ciências, o aprendizado torna-se mais significativo, pois há possibilidade de o aluno vivenciar nas quadras a teoria aprendida nas salas de aula.

Os blocos de "Esportes, jogos, lutas e ginásticas" e de "Atividades rítmicas expressivas" são mais específicos, mas também possíveis de serem articulados.

No bloco "Conhecimentos sobre o corpo", como já dizemos, os conteúdos devem ser abordados dentro das atividades práticas dos demais blocos, a partir de percepções do próprio corpo, fazendo com que o aluno perceba as alterações ocorridas em seu corpo durante e depois das atividades físicas. Conceitos básicos de anatomia, fisiologia, biomecânica e bioquímica devem ser transmitidos para que se inicie um processo de aprendizagem de conhecimentos que facilitem perceber quais as possibilidades e limitações de cada um, fazendo com que o aluno comece a estabelecer critérios para escolha das atividades corporais saudáveis a serem praticadas.

Os conhecimentos sobre anatomia referem-se aos músculos e ossos envolvidos nos diferentes movimentos e posições, em situações de relaxamento e tensão.

Os conhecimentos de fisiologia dizem respeito às alterações que ocorrem durante a atividade física, tais como a frequência cardíaca, a queima de calorias, a perda de água e sais minerais e aquelas alcançadas a médio e longo prazo, como melhora da condição cardiorrespiratória, aumento da massa muscular, da força e da flexibilidade e diminuição do tecido adiposo.

Os conteúdos da bioquímica subsidiam a fisiologia, como alguns processos metabólicos de produção de energia, eliminação e reposição de nutrientes básicos.

Os conhecimentos de biomecânica são relacionados à anatomia e estão ligados a hábitos posturais, como, por exemplo, levantar um peso e equilibrar objetos.

Outro aspecto a ser abordado neste bloco tem a ver com "os hábitos corporais e atitudes corporais", tratando da questão sobre como alguns movimentos são construídos socioculturalmente. O entendimento dessa questão amplia o conhecimento cultural dos alunos e evita preconceitos e discriminações. Também neste item pode ser realizado um trabalho interdisciplinar com as áreas de História e Geografia.

O bloco de conteúdos que abrange "esportes, jogos, lutas e ginásticas" procura definir o significado e a prática de cada atividade. Define o esporte como algo estabelecido dentro de regras oficiais e com necessidade de material específico; os jogos podem ter caráter competitivo, cooperativo ou recreativo, incluindo-se entre os jogos as brincadeiras regionais, os jogos de salão, de mesa, de tabuleiro, de rua e as brincadeiras infantis de modo geral; nas lutas, assim como nos esportes, também são previstas regras específicas e variam desde brincadeiras de cabo de guerra e braço de ferro até capoeira, judô e caratê.

As ginásticas têm objetivos diversos, podendo ser realizadas como preparação para outras modalidades, como relaxamento, para manutenção ou recuperação da saúde ou ainda de forma recreativa, competitiva e de convívio social. Este conteúdo tem estreita relação com o bloco de "conhecimentos sobre o corpo".

É importante salientar que as práticas esportivas, dos jogos, das lutas e da ginástica podem mudar os significados dependendo do contexto em que são inseridas.

O bloco de conteúdos das "atividades rítmicas e expressivas" está relacionado com as formas de expressão corporal que são produzidas através de estímulos sonoros; são as danças e brincadeiras cantadas. A diversidade cultural do Brasil, com suas danças típicas, músicas e folclores regionais, permite uma imensa gama de conteúdos a serem desenvolvidos nas aulas de Educação Física.

PERCENTUAIS DISTRIBUÍDOS DE ACORDO COM A FAIXA ETÁRIA

Após elaborar o "Bloco de conteúdos" a ser desenvolvido nas aulas de Educação Física, é importante definirmos os percentuais desses conteúdos que serão distribuídos de acordo com a faixa etária, segundo o trabalho do professor Amauri Aparecido Bássoli de Oliveira.

Séries / Núcleos	Ed. Infantil I	II	III	Ensino Fundamental 1ª	2ª	3ª	4ª	5ª	6ª	7ª	8ª	Ens. Médio 1º	2º	3º
a) o movimento em descoberta e estruturação	50	50	45	40	40	30	30	20	15	10	10	10	5	5
b) o movimento nas manifestações lúdicas e esportivas	15	15	20	30	30	30	30	40	45	50	50	45	40	40
c) o movimento em expressão e ritmo	30	30	30	20	20	20	20	15	15	10	10	10	15	15
d) o movimento e a saúde	5	5	5	10	10	20	20	25	25	30	30	35	40	40

Obs.: Valores em porcentagem.

Para melhor visualização dos conteúdos dos núcleos temáticos, organizamos o quadro abaixo:

Núcleos	Conteúdos Básicos
a) o movimento em descoberta e estruturação	Habilidades motoras de base (locomotoras, não locomotoras, manipulativas, coordenação visomotora), esquema corporal, percepção corporal

Núcleos	Conteúdos Básicos
b) o movimento nas manifestações lúdicas e esportivas	Jogos (motores, sensoriais, criativos, intelectivos e pré-desportivos); Esporte Institucionalizado (basquetebol, voleibol, handebol, atletismo, futebol, futsal, ciclismo, outros) e Esportes Alternativos (capoeira, escaladas, caminhadas, passeios, *bets*, malha, peteca, outros)
c) o movimento em expressão e ritmo	Ginástica, dança, brinquedos cantados, cantigas de roda, outros
d) o movimento e a saúde	Higiene e primeiros socorros, ergonomia, bases anátomo-fisiológicas do corpo humano, bases nutricionais, aspectos básicos da metodologia do treinamento, avaliações do crescimento, desenvolvimento, composição corporal e aptidão física

AS CONDIÇÕES DE ESTRUTURA FÍSICA, DE PESSOAL E DE MATERIAIS OFERECIDAS PELAS ESCOLAS

A elaboração do planejamento deve centrar-se no ser humano, no aluno, considerando os aspectos cognitivos motor, afetivo e social, e de acordo com sua faixa etária. São as atitudes a serem transmitidas para que a mudança necessária no comportamento se faça presente.

Os procedimentos para se atingir os objetivos propostos, que estão relacionados à estrutura e ao material, são importantes, mas podem ser adaptados. Cabe ao professor, em parceria com a escola, utilizar de criatividade para obtenção de recursos e condições para melhorar a estrutura física e aquisição de materiais.

Podemos citar como exemplo a arrecadação e venda de latas de alumínio; a elaboração de atividades esportivas e culturais para venda de refrigerantes, doces e salgados etc.

O SIGNIFICADO DA EDUCAÇÃO FÍSICA PARA AS ESCOLAS

Podemos considerar o significado da Educação Física de duas maneiras distintas, de acordo com a realidade de ensino praticado na rede privada e na rede pública:

ESCOLAS DA REDE PRIVADA DE ENSINO

Na rede privada, muitas vezes são dois os principais objetivos das aulas de Educação Física:

1. Interesses que deem retorno de *marketing*, ou seja, as aulas possuem um conteúdo desportivo para que equipes de treinamento sejam preparadas e consigam resultados de destaque em competições esportivas das quais participa. Isso coloca a escola em evidência na região, sendo mais uma maneira de conceituar seu nome na comunidade;
2. As aulas de Educação Física ficam em segundo plano, pois o maior interesse se concentra na área acadêmica, diminuindo-se o número de suas aulas para aumentar as aulas ministradas em sala de aula. Isto é feito para se obter melhores resultados nos vestibulares.

ESCOLAS DA REDE PÚBLICA DE ENSINO

Encontramos na rede pública uma realidade que, apesar dos obstáculos e dificuldades encontradas pelo professor de Educação Física serem maiores em relação à rede privada, também há possibilidades para aplicação de uma prática cujos objetivos sejam os especificados nos PCNs. Entre os problemas mais graves, podemos citar:

1. As aulas de Educação Física para alunos da primeira à quarta série não são ministradas por professores de Educação Física, mas sim pelas professoras polivalentes de sala de aula;
2. Falta de supervisão no planejamento de Educação Física.

O CONHECIMENTO DOS PROFESSORES EM RELAÇÃO ÀS ORIENTAÇÕES DOS PCNS – VOLUME 7

A leitura, o estudo e a discussão dos PCNs – volume 7 tornam-se fundamentais para o entendimento e a aplicação dos seus conceitos, que devem estar acima dos interesses particulares da escola. Na rede privada é comum encontrarmos como objetivo principal da área de Educação Física a obtenção de resultados expressivos no esporte, para que haja retorno de *marketing* na região em que está localizada a escola. Por isso é importante haver um comum acordo entre a direção da escola e o trabalho a ser desenvolvido na área de Educação Física, e em muitas oportunidades são os professores que devem transmitir à direção os conceitos dos PCNs – volume 7.

Para que esses conceitos sejam melhor entendidos, os professores devem ser capacitados com cursos que abranjam conteúdos sobre o corpo e o movimento. Como exemplo, podemos citar alguns temas:

- Visão multidisciplinar do corpo e do movimento: o corpo e o movimento vistos por outras áreas: Filosofia, Psicologia, Antropologia, Sociologia, Cultural e Educacional;
- Pedagogia do esporte;
- Psicomotricidade;
- Descobrindo o talento de cada um.

AVALIAÇÃO CONTÍNUA REALIZADA PELO PROFESSOR E ALUNOS

Avaliar o processo de ensino e aprendizagem deve ser uma das metas estabelecidas pelo professor para melhor aproveitar os conteúdos planejados, modificando-os sempre que julgar necessário.

Para isso, é preciso que seja realizado contando com a participação dos alunos e do professor, de maneira democrática e realizada no final de todas as aulas. É preciso que fique claro quais são os critérios estabelecidos para que possam ser discutidos e compartilhados com aqueles que devem possuir o maior interesse na avaliação: **os próprios alunos**.

O professor é o condutor do processo, aquele que, ao estudar o corpo e o movimento, detém os saberes conceituais, procedimentais e atitudinais necessários para a escolha da melhor prática. Cabe a ele, portanto, o papel de inserir o aluno no processo de avaliação, refletindo, discutindo e procurando as soluções para os possíveis problemas encontrados.

Para que isso ocorra, segue um processo de avaliação a ser realizado no final de cada aula, entre professor e alunos, que pode ser modificado de acordo com o contexto de cada escola e região. Segue modelo para avaliação de comportamento atitudinal, podendo ser colocado como critérios de avaliação "Ótimo", "Bom", "Regular" ou "Precisa melhorar".

COMPORTAMENTO SÓCIO-AFETIVO

Sala: _____   Mês: _____

Data da aula	Respeito	Cooperação	Disciplina	Responsabilidade

ORGANIZANDO UM DEPARTAMENTO DE EDUCAÇÃO FÍSICA E ESPORTES

Capítulo 4

1. HARMONIZANDO A EQUIPE E DEFININDO A FILOSOFIA DE TRABALHO

Em 2005, a Unesco definiu "O Esporte e a Educação Física" como tema a ser trabalhado no mundo todo. Tal escolha mostra a importância da atividade física para melhorar a vida das pessoas. As escolas e os professores de Educação Física devem aproveitar a oportunidade para organizar um Departamento de Educação Física e elaborar programas em que toda a comunidade, direta e indiretamente pertencente à escola, participe de atividades físicas propostas. Quando citamos "toda a comunidade direta e indiretamente pertencente à escola", queremos dizer os alunos, seus familiares, professores e funcionários, abrindo espaço também para crianças e jovens em vulnerabilidade de risco, dos arredores da escola. A área de Educação Física de uma escola é a responsável pelo planejamento e pela realização de atividades relacionadas ao corpo e ao movimento, e de acordo com a resolução nº 218/97 do Conselho Nacional de Saúde Resolução nº 218/97 "reconhece como **profissionais de saúde de nível superior** as seguintes categorias: assistentes sociais, biólogos, profissionais de educação física, enfermeiros, farmacêuticos, fisioterapeutas, fonoaudiólogos, médicos, médicos veterinários, nutricionistas, psicólogos e terapeutas ocupacionais".

Portanto, um dos principais objetivos da disciplina é se preocupar com a melhoria da qualidade de vida de seus alunos e familiares, seus professores e funcionários, e da comunidade infantil mais carente das proximidades da escola.

Atualmente, as pessoas buscam ter saúde e bem-estar, e a sua conquista deve estar relacionada à ideia de um estilo de vida saudável, como algo atraente, simples e divertido. O bem-estar é uma atitude, uma forma de encarar a vida e o trabalho, de ser e de se relacionar. A qualidade de vida e a promoção da saúde estão relacionadas ao estilo de vida das pessoas, o modo como se comportam, fazem suas opções, e as repercussões disso em sua vida pessoal e profissional.

O estilo de vida é o fator-chave para a sua saúde. Claro que fatores hereditários, o ambiente e o atendimento médico contam pontos, mas a importância desses fatores pode diminuir se você fizer boas escolhas. Mas não são apenas os fatores de ordem física que afetam sua capacidade de se manter saudável: a falta de objetivos definidos, a vida afetiva vazia, a fé pouco consistente e a ansiedade fora do controle também podem levá-lo a um estado de doença porque a SAÚDE está relacionada com a pessoa **inteira**: corpo, mente, espírito, ou seja, aspectos físicos, cognitivos, afetivos e sociais, todas as dimensões do **ser humano**. Portanto, quando essas dimensões funcionam em harmonia, temos uma base sólida para a construção de uma ótima saúde.

Por tudo isso, o planejamento dos conteúdos a serem desenvolvidos torna-se de extrema importância, devendo ser realizados durante duas semanas no início do ano letivo, em conjunto com toda a equipe de professores da área de Educação Física, levando-se em consideração os conceitos colocados nos PCNs, acrescidos ou adaptados para a realidade escolar.

Quando iniciado o trabalho na área de Educação Física, o primeiro passo é harmonizar, na mesma equipe, professores oriundos de práticas esportivas, como ex-atletas de voleibol, handebol, basquetebol, judô, natação, ginástica olímpica etc., e professores que não tiveram experiências práticas anteriores com o esporte, além dos estagiários de Educação Física que venham a fazer parte da equipe.

Os PCNs – volume 7 devem orientar o planejamento, fazendo com que todos os professores, independentemente das experiências vividas e de sua formação no curso de graduação em Educação Física, trabalhem em busca dos mesmos objetivos. As características individuais de cada profissional devem ser respeitadas para o crescimento do grupo, a autonomia para acrescentar e modificar o planejamento quando necessário deve fazer parte do dia a dia do professor, mas todos devem trabalhar com uma unidade de conduta orientada pelo planejamento realizado pelo grupo.

Às vezes este é o primeiro problema encontrado – conciliar as experiências individuais com os objetivos comuns a serem alcançados em equipe.

> Na prática pedagógica e durante os percursos formativos, os professores constroem saberes que se relacionam com suas experiências de vida, com as experiências profissionais. (BORGES, p. 12)

Para minimizar este problema, a leitura, o estudo e a discussão dos PCNs – volume 7 tornam-se fundamentais para o entendimento e a aplicação dos seus conceitos, iniciando um trabalho harmônico e implantando uma filosofia de trabalho para que todos sigam.

2. ESPORTE SOLIDÁRIO

Projeto esportivo, com aulas semanais de ginástica olímpica, basquetebol, voleibol, handebol, atletismo, judô etc., ministradas por professores e/ou estagiários. O objetivo do projeto é proporcionar, através das atividades que utilizam o corpo e o movimento, a melhora da autoestima, a integração social e melhores noções de saúde.

A participação dos alunos ocorre de maneira espontânea, e as atividades têm caráter lúdico e de inclusão.

Em relação a este último ponto, é importante salientar que:

> *É muito interessante notar que em muitos casos as críticas que hoje são feitas ao esporte já aparecem em escritos esparsos e, em alguns casos, vinculadas a movimentos sociais bem definidos do início do século XX. Huizinga (1980, p. 219) em seu clássico* Homo Ludens *já advertia que o esporte corrompia uma das características fundamentais do jogo que é a espontaneidade. O esporte tecnificava, racionalizava o jogo, o lúdico.* (BRACHT, 2003)

É interessante que o grupo de crianças de fora da escola tenha contato com os alunos desta, o que pode acontecer com uma monitoria junto ao professor, e em momentos de apresentação para os familiares.

3. INTERVALOS DIRIGIDOS

Os intervalos devem ser divididos de acordo com a faixa etária dos alunos, levando em consideração seu amadurecimento cognitivo, afetivo e emocional. Os monitores, inspetores ou o próprio professor podem realizar uma série de atividades, em que os valores de Respeito, Responsabilidade, Cooperação e Disciplina são fundamentais para a utilização do tempo de lazer.

4. ESPAÇO INTERATIVO

Espaço destinado à realização de atividades lúdicas e de integração, tais como: jogos lúdicos, leitura, violão, futebol de botão etc. O objetivo é a integração através do lazer, em que os valores de respeito, cooperação, responsabilidade e disciplina formam a base do relacionamento. As atividades podem ser orientadas pelas inspetoras e monitores que também ensinam as crianças a pegar e guardar os joguinhos, fazendo com que todos tomem cuidado com o material.

5. EVENTOS COMEMORATIVOS

A equipe de Educação Física e Esportes é responsável pelo planejamento, organização, execução e avaliação de vários eventos específicos da área e outros realizados em conjunto com as demais disciplinas:

- Caminhada no Dia dos Pais;
- Gincana do Dia das Mães;
- Passeio Ciclístico da Primavera;
- Semana do meio ambiente (5 de junho);
- Dia mundial da saúde (7 de abril);
- Semana da criança (12 de outubro);
- Atividades folclóricas (agosto);
- Dia do amigo (18 de abril);
- Semana da Educação Física (1º de setembro);
- Campanha da solidariedade (16 de maio).

6. PROJETO VIDA MELHOR

Atividades para pais, avós (terceira idade), professores e funcionários, com aulas de ginástica, natação, futebol, voleibol, ginástica laboral, entre outras, ministradas por professores ou estagiários de Educação Física.

7. PROJETO QUALIDADE DE VIDA

O Projeto Qualidade de Vida deve ser elaborado a partir da necessidade de se criar novas ações, além das aulas de Educação Física e Esportes já existentes, com informações relacionadas ao corpo e ao movimento, que de certa forma complementem as atividades práticas. O programa tem como objetivo orientar os alunos para a aquisição de hábitos saudáveis.

As atividades programadas dividem-se em: **Palestras trimestrais, Temas mensais, Mensuração de peso e altura, Dia da fruta** e **Avaliação postural**.

PALESTRAS TRIMESTRAIS

Atividade com profissionais especializados sobre assuntos relacionados à saúde. O tema das palestras pode relacionar-se com o Tema mensal que está sendo abordado. Isto depende do grau de interesse e atualidade do tema escolhido.

Sugestão de temas para palestras para alunos da 1ª a 4ª série do Ensino Fundamental

TEMA	MÊS
RELACIONAMENTO – Bullying	MAIO
ALIMENTAÇÃO – bulimia, anorexia, obesidade	AGOSTO
HIGIENE	OUTUBRO

Sugestão de temas para palestras para alunos da 5ª série do Ensino Fundamental ao 3º ano do Ensino Médio

TEMA	MÊS
RELACIONAMENTO – Bullying	MAIO
DROGAS LÍCITAS E ILÍCITAS	AGOSTO
ALIMENTAÇÃO – bulimia, anorexia, obesidade	OUTUBRO

TEMAS MENSAIS

São definidos alguns temas importantes relacionados à saúde. Os Temas mensais são abordados nas aulas de Educação Física e Esportes. Cada professor é responsável por um tema a ser pesquisado, desta maneira todos participam. Os alunos receberão informações de todos os professores com os quais têm aula.

TEMA	MÊS
HIGIENE E BEM-ESTAR	FEVEREIRO
NUTRIÇÃO E ÁGUA	MARÇO
EDUCAÇÃO POSTURAL	ABRIL
A IMPORTÂNCIA DA ATIVIDADE FÍSICA	MAIO
SEXUALIDADE	JUNHO
DROGAS	AGOSTO
RELACIONAMENTO	SETEMBRO
SONO	OUTUBRO
QUALIDADE DE VIDA	NOVEMBRO

MENSURAÇÃO DE PESO E ALTURA

A avaliação de peso e altura é realizada levando-se em consideração, principalmente nos dias atuais, o problema de obesidade infantil.

De acordo com reportagem no jornal *Folha de S. Paulo*, de 17 de junho de 2004, a obesidade infantil é uma preocupação mundial, apresentando números alarmantes: uma em cada dez crianças está obesa. O problema afeta todas as classes sociais, e doenças que eram exclusivas dos adultos são detectadas em crianças devido à obesidade: colesterol alto, hipertensão e diabetes tipo 2.

> *Quando o laboratório da Unifesp, um dos pioneiros do país, começou a atender crianças obesas, há mais de 18 anos, a procura não passava de dez crianças por semana. Hoje são 50 e com constante fila de espera.*

A Unifesp possui um departamento para tratar do assunto, o Setor de Obesidade Infantil do Departamento de Nutrologia, e a importância da avaliação de peso e altura realizada nas escolas pelo professor de Educação Física é confirmada na seguinte afirmação:

> *Muitos ainda acham que uma criança gordinha é sinal de saúde e chegam ao ambulatório de obesidade depois que o pediatra constatou níveis alterados de colesterol, glicemia e pressão arterial.* (Maria Arlete Escrivão, pediatra responsável pelo Setor de Obesidade Infantil da Unifesp)

O professor de Educação Física pode ser o primeiro profissional da escola a constatar e alertar a família sobre o problema da obesidade infantil, fazendo parte, posteriormente, da equipe de profissionais a cuidar dessa criança. De acordo com a reportagem, destacamos a seguinte citação:

> *Há duas semanas, a reportagem acompanhou a chegada de um grupo novo de pacientes ao serviço de Endocrinologia do Hospital das Clínicas (SP). Em uma sala lotada, o grupo de mais de 30 crianças e pais ouviu uma palestra educativa sobre as causas da obesidade e os erros alimentares mais comuns. O que não é suficiente. Com a criança, o processo de reeducação alimentar só funciona com o aporte de uma equipe multidisciplinar.*

No HC, por exemplo, o programa oferece consultas semanais com pediatras, nutricionistas e psicólogos e aulas de educação física durante seis meses. (Jornal Folha de S. Paulo, 17 de junho de 2004)

Na escola, após a coleta de dados de peso e altura, os resultados são passados de maneira particular e sigilosa aos familiares de todos os alunos, orientando aqueles que estão dentro dos parâmetros de normalidade para manter o mesmo estilo de vida adotado, e alertando os que estão acima desses parâmetros para que ocorra uma orientação de especialista. Os alunos que necessitam perder peso são estimulados a participar dos grupos de esportes, e a família é orientada a procurar um profissional da área de nutrição.

DIA DA FRUTA

Incentivo aos alunos para que no mínimo uma vez por semana tragam uma alimentação baseada em frutas e comidas naturais. Uma mesa comunitária é organizada para que todos os alunos possam escolher a fruta que mais lhe agrade.

AVALIAÇÃO POSTURAL

Durante as aulas de Educação Física os professores avaliam os alunos, observando-se as posições dos ombros, quadril, joelhos e pés, e tomam as devidas providências, quando necessário. Um trabalho especial de orientação em relação ao transporte e peso das mochilas deve ser realizado. Segundo especialistas, a mochila deve ter o peso máximo de 10% em relação ao peso do aluno.

8. REVISTA VIRTUAL

Colocar no *site* da escola informações relacionadas à área de Educação Física e Esportes. A página destinada à Educação Física pode conter informações relacionadas aos seguintes aspectos:

a) Texto explicativo sobre a abordagem pedagógica e a filosofia adotada pelo departamento de Educação Física e Esportes;
b) Reportagem mensal: notícia relacionada à área de Educação Física, publicada em revistas, jornais ou internet;
c) Dicas de saúde dividida de acordo com o interesse do público: dica para o papai, mamãe, alunos do Ensino Fundamental I, II e Ensino Médio;
d) Calendário de atividades programadas na área de Educação Física;
e) Notícias com fotos sobre os eventos recreativos e esportivos que tiveram a participação dos alunos da escola.

9. REUNIÕES MENSAIS COM TODA A EQUIPE

A pauta das reuniões deve ser planejada previamente, podendo ser dividida em três partes principais:

a) Ocorrências anteriores: discutir situações ocorridas que merecem atenção especial;
b) Atividades planejadas que serão realizadas: discussão sobre o planejamento, a organização e a execução de atividades futuras propostas pelo calendário escolar;
c) Capacitação de professores: os professores devem ser capacitados com temas pertinentes à filosofia adotada para a prática da Educação Física e Esportes. Seguem alguns exemplos:
- Visão multidisciplinar do corpo e do movimento: o corpo e o movimento vistos por outras áreas: Filosofia, Psicologia, Antropologia, Sociologia, Cultural e Educacional;
- Pedagogia do esporte;
- Psicomotricidade;
- Trabalhando o talento de cada um – múltiplas inteligências.

10. INTERDISCIPLINARIDADE ENTRE EDUCAÇÃO FÍSICA E DEMAIS ÁREAS

A interdisciplinaridade entre a Educação Física e as demais áreas é realizada através de contato no início do ano letivo por parte de seus professores com os projetos pedagógicos elaborados nas áreas de Ciências, Matemática, Português, História e Geografia. Este contato é estreitado no decorrer do ano sempre que necessário, partindo, na maioria das vezes, do professor das demais disciplinas, que buscam auxílio nas aulas de Educação Física para melhor compreensão de determinados conteúdos.

Ao tomar ciência do conteúdo a ser trabalhado nas demais disciplinas, os professores de Educação Física fazem uma abordagem, relacionando-o com seus próprios conteúdos. Deve haver uma flexibilidade entre os conteúdos dos projetos pedagógicos e da área de Educação Física para alterações, caso necessário.

Após a realização do trabalho interdisciplinar, o professor de Educação Física faz um relatório da atividade desenvolvida, verificando se os objetivos foram atingidos.

11. AULAS OPTATIVAS DE ESPORTES

Aulas de iniciação esportiva realizadas em horário fora da grade curricular, em que são oferecidos os cursos de basquetebol, voleibol, handebol, futsal, futebol de campo, judô, dança, natação, atletismo, ginástica olímpica, nado sincronizado, polo aquático, xadrez, entre outros.

A didática e a metodologia utilizada nas aulas de iniciação esportiva e a formação de turmas de treinamento esportivo devem levar em consideração o aluno dentro de suas possibilidades motoras, levando em consideração aspectos emocionais e cognitivos.

Dependendo de como essa iniciação esportiva e treinamento esportivo forem trabalhados com os alunos, estes poderão ser estimulados a participar e seguir na prática dos esportes, ou, pelo contrário, poderão se desestimular e deixar de praticar atividades físicas. O papel do professor nessa situação é de grande importância, pois, dependendo de como ele age, poderá definir, em muitos casos, o gosto pela prática de esportes por parte das crianças e jovens.

É importante a implantação de um sistema de avaliação, entregue aos responsáveis a cada bimestre ou trimestre, além de um controle de presença, pois em muitas oportunidades o aluno pode matricular-se no curso e dirigir-se para outro local.

12. MONITORIA DE EDUCAÇÃO FÍSICA E ESPORTES

A contratação de estagiários de Educação Física para auxiliar na realização das atividades, participando inclusive do planejamento e dos cursos de capacitação, possibilita a execução de grande parte dos projetos a serem desenvolvidos nas escolas.

É fundamental que eles tenham iniciativa e orientação permanente para que possam lidar com as diversas situações do dia a dia escolar. Os professores de Educação Física que utilizam o auxílio dos estagiários deverão ser conscientizados de que o trabalho realizado por eles é parte importante de sua formação; para isso, devem ser orientados sempre que necessário.

13. COMUNICAÇÃO INTERNA E EXTERNA DO DEPARTAMENTO DE EDUCAÇÃO FÍSICA

A escola possui uma rotina de trabalho realizada pelos funcionários e paradoxalmente uma dinâmica que faz parte do dia a dia do corpo docente. As atividades realizadas pelo departamento de Educação Física geralmente são as que mais alteram o comportamento não apenas dos alunos, mas também dos demais professores e funcionários no geral: seguranças, limpeza, secretaria, inspetoria, enfermaria e cantina, entre outros. Por isso, é de fundamental importância que haja uma comunicação permanente entre todos os profissionais e setores da escola.

De acordo com Heródoto Barbeiro:

> *O período em que vivemos é uma fase de transformações rapidíssimas e é preciso ficar de olhos bem abertos para percebê-las e interpretá-las... Uma das*

manifestações dessas mudanças é a intensificação das comunicações e a importância que tem para as empresas os gestores saberem utilizá-las. (2002, p. 11 e12)

A comunicação do setor de Educação Física pode dividir-se de duas maneiras:

1. **Comunicação interna:** é aquela realizada entre os integrantes da equipe, coordenação, professores e monitores de Educação Física. Pode ser estabelecida da seguinte maneira:
  a) **Por meio de painel interno** contendo as informações gerais dos eventos e atividades programadas.
  b) **Comunicação individualizada** com local previamente determinado a serem colocados avisos e recados particulares para cada professor.
  c) **Relatório da atividade realizada** preenchido pelo professor responsável, descrevendo anotações importantes sobre a atividade realizada.

2. **Comunicação externa:** é a maneira de o departamento de Educação Física e Esportes comunicar todos os envolvidos direta e indiretamente no evento ou na atividade programada. Pode ser realizada utilizando-se de:
  a) **Autorizações para eventos esportivos** entregues a familiares ou responsáveis contendo informações necessárias sobre a atividade que o aluno participará. Observe a entrega do comunicado sempre com aproximadamente dez dias de antecedência, não deixe para entregá-lo na semana do evento.
  b) **Boletim informativo de atividade:** impresso utilizado para comunicar demais setores da escola sobre evento que será realizado, contendo, entre outras, as seguintes informações: data, horário, grupo de alunos envolvidos, endereço (se o evento for fora da escola). Após o evento, este documento deve ser guardado com o relatório do evento anexado.
  c) **Painel externo** localizado perto da sala de Educação Física e Esportes informando sobre as atividades programadas.

Obviamente, de acordo com as características e particularidades de cada instituição, algo poderá ser acrescentado e alterado. As sugestões acima descritas com certeza auxiliarão de maneira eficiente a minimizar problemas e a promover o sucesso das atividades propostas.

14. MODELOS SUGERIDOS PARA ORGANIZAÇÃO E ADMINISTRAÇÃO DO DEPARTAMENTO DE EDUCAÇÃO FÍSICA E ESPORTES

BOLETIM INFORMATIVO DE ATIVIDADE

Espaço reservado para inserir o nome e logotipo da instituição

MODALIDADE: _____ CATEGORIA/SEXO: _____
ADVERSÁRIO: _____ Nº DE ALUNOS: _____
PROFESSOR: _____ ACOMPANHANTE(S) _____
LOCAL: _____ DATA: ___/___/_____ (_____)
ENDEREÇO _____
HORÁRIOS:
( ) CHEGAR AO LOCAL COM CONDUÇÃO PRÓPRIA:
HORÁRIO _____ TÉRMINO _____
( ) SAÍDA DA ESCOLA:
HORÁRIO _____ RETORNO _____

TRANSPORTE: ( ) SIM ( ) NÃO
DOCUMENTO PARA COMPETIÇÃO: _____
RESPONSÁVEL PELO TRANSPORTE: _____ FONE: _____

UNIFORME: ( ) SIM ( ) NÃO
COLETES: ( ) SIM ( ) NÃO
QUANTIDADE: _____
CAMISAS: QUANTIDADE: _____ TAMANHO: _____ COR: _____
CALÇÕES: QUANTIDADE: _____ TAMANHO: _____ COR: _____

SQUEEZE:	( ) SIM	( ) NÃO
PRIMEIROS SOCORROS:	( ) SIM	( ) NÃO
MESA COM CADEIRA:	( ) SIM	( ) NÃO
PLACAR:	( ) SIM	( ) NÃO
CRONÔMETRO:	( ) SIM	( ) NÃO

OUTROS: _____

ALUNOS PARTIPANTES DA ATIVIDADE (NOME E ANO)
_____
_____
_____
_____

QUEM DEVE RECEBER ESTE INFORMATIVO:
( ) Direção pedagógica   ( ) Direção administrativa   ( ) Coord. FUND. I
( ) Coord. FUND.II   ( ) Coord. Ensino Médio   ( ) Secretaria
( ) Marketing   ( ) Recepção   ( )Portaria
( ) PAINEL EXTERNO   ( ) ORIGINAL NO PAINEL INTERNO
( ) OUTROS: _____

ANEXAR O RELATÓRIO NO INFORMATIVO DO PROFESSOR

**COMUNICADO ENTREGUE AOS ALUNOS
SOBRE O "DIA DA FRUTA"**

Lembre-se:
Segunda-feira é o nosso dia da fruta, traga duas frutas para compor nossa mesa comunitária na hora do lanche!!!
Obs: Favor trazer as frutas lavadas e descascadas.

Departamento de Educação Física e Esportes

AUTORIZAÇÃO PARA ATIVIDADE ESPORTIVA

(Cidade), (dia) de (mês) de (ano)

A (nome da escola), por meio do Depto. de Educação Física e Esportes, solicita a presença do(a) aluno(a) _____, do (ano e sala) para participar do (nome da atividade) a ser realizado em ___/___/_____ com acompanhamento do(a) professor(a) _____

Seguem informações abaixo:

I. ( ) Saída e retorno da (nome da escola) com transporte da escola
   Horário de saída: _____ Horário de retorno: _____

II. ( ) Dirigir-se ao local de competição, com transporte próprio
   Endereço: _____
   Referência e fone: _____
   Horário para chegar ao local: _____ Previsão de término: _____

III. ( ) Atividade realizada na própria escola
   Horário de início: _____ Horário de término: _____
   Documento necessário para competição: _____
   Outros: _____

CONTAMOS COM A PRESENÇA DE TODOS PARA TORCER POR NOSSOS "ALUNOS ATLETAS"! AGRADECEMOS O APOIO DADO PELA FAMÍLIA ÀS ATIVIDADES ESPORTIVAS PROPOSTAS.

AUTORIZAÇÃO

Eu, (nome do responsável), responsável pelo(a) aluno(a) (nome do aluno) do (ano e sala) autorizo sua participação no (nome da atividade) a ser realizado no dia ___/___/_____.

_____
Assinatura do responsável

Devolver a autorização para o professor responsável ATÉ ___/___/____.
A escola não se responsabiliza por objetos pessoais esquecidos no local.

**AVALIAÇÃO TRIMESTRAL
DE ESPORTES**

Logo

Modalidade: _____

Aluno (a): _____ Ano: _____
Data: ___/___/_____ Professor(a): _____
Número de aulas dadas:_____ Número de faltas do aluno:_____
Número de atrasos: _____

I. Objetivos da avaliação

Diagnosticar e registrar os progressos do aluno e suas dificuldades.
Possibilitar que os alunos autoavaliem sua aprendizagem à medida que recebam seus resultados.
Orientar os alunos quanto aos esforços necessários para superar as dificuldades.
Orientar as atividades de planejamento e replanejamento dos conteúdos curriculares.

II. Aspectos a serem avaliados

A avaliação realizada nos cursos esportivos será contínua e por meio de observação, abrangendo os aspectos físico-motor, sócio-afetivo e percepto-cognitivo.

- **físico-motor:** observar se os movimentos são realizados de acordo com a maturação apropriada para a faixa etária, na aplicação da força, velocidade, coordenação, equilíbrio, agilidade, flexibilidade, resistência aeróbica e anaeróbica. O aluno deve reconhecer a atividade física regular como aspecto importante para a melhoria da qualidade de vida.
- **sócio-afetivo:** verificar se a realização dos movimentos se dá com segurança, sem medo de tentar ou arriscar, com respeito aos limites que as regras impõem, além da organização e do empenho. Observar se a integração dos alunos ocorre sem discriminações, com respeito às diferenças individuais. O aluno com maior habilidade deve auxiliar

aqueles que apresentam maiores dificuldades, e os que necessitam de auxílio devem aceitá-la sem problemas.

- **percepto-cognitivo:** observação, na percepção, do desenvolvimento dos movimentos – lateralidade, orientação espacial e temporal, consciência corporal e concentração – por meio dos sentidos (visão, audição e tato) e, na cognição, a compreensão das orientações estabelecidas para solucionar problemas.

III. Conteúdos desenvolvidos para avaliação

_____
_____
_____

( ) O aluno(a) atingiu os objetivos propostos
( ) O aluno(a) necessita de maior atenção no(s) seguinte(s) aspecto(s):

Observações: _____
_____
_____

Departamento de Educação Física e Esportes

CONVITE PARA TREINAMENTO DE ESPORTES

Logo

Nome do aluno: _____ Ano: _____

Você tem demonstrado muita dedicação nas aulas de Educação Física, participando com **respeito, cooperação, disciplina e responsabilidade.**

Gostaríamos de contar com a sua presença nas turmas de treinamento.

Modalidade: _____ Dia: _____
Horário: _____ Professor: _____

Depto. de Educação Física e Esportes

RELATÓRIO DE ATIVIDADE ESPORTIVA

Logo

Evento: _____ Data: ___/___/_____
Acompanhantes: _____
Horário início: _____ Horário término: _____

PARTICIPAÇÃO DOS ALUNOS (Nº DE ALUNOS/COMPORTAMENTO/W.O.)

Nº de alunos convidados: _____ Nº de alunos presentes: _____
Nº de alunos ausentes: _____
Motivo das ausências: _____
_____
Comportamento dos alunos: _____
_____

OBSERVAÇÕES SOBRE A ORGANIZAÇÃO DO EVENTO

I. DAS ACOMODAÇÕES PARA OS FAMILIARES
_____

II. DAS INSTALAÇÕES ESPORTIVAS
_____

II. DA ARBITRAGEM
_____

III. DA MONITORIA ACOMPANHANTE
_____

IV. OUTROS
_____

PARTICIPAÇÃO DOS ALUNOS (OU EQUIPES) – RESULTADOS
_____
_____

Este relatório pode ser anexado ao Boletim Informativo de atividade para futura avaliação junto aos responsáveis.

REFERÊNCIAS BIBLIOGRÁFICAS

ABBAGNANO, Nicola. **Dicionário de Filosofia**. São Paulo: Martins Fontes, 2002.

BARBEIRO, Herótodo. **Você na telinha**. São Paulo: Editora Futura, 2002.

BARROS NETO, Turíbio Leite de. **Exercício, saúde e desempenho físico**. São Paulo: Editora Atheneu, 1997.

BORGES, Cecília Maria Ferreira. **O professor de Educação Física e a construção do saber**. Campinas: Papirus, 1998.

BRACHT, Valter. **Sociologia crítica do esporte**: uma introdução. Ijuí: Editora Unijuí, 2003.

BRASIL, Secretaria de Educação Fundamental. **Parâmetros curriculares nacionais**: Educação Física. Brasília: MEC/SEF, 1997.

BRIKMAN, Lola. Tradução de Beatriz A. Cannabrava. **A linguagem do movimento corporal**. São Paulo: Summus, 1989.

BRUHNS, Heloisa Turini. **Conversando sobre o corpo**. Campinas: Papirus, 1989.

CASTELLANI FILHO, Lino. **Educação Física no Brasil**: a história que não se conta. Campinas: Papirus, 1988.

CHARLOT, Bernard. **Os jovens e o saber**: perspectivas mundiais. Porto Alegre: Editora Artmed, 2001.

CUNHA, Manuel Sergio Vieira. **Educação Física ou Ciência da motricidade humana.** Campinas: Papirus, 1989.

DAOLIO, Jocimar. **Da cultura do corpo**. Campinas: Papirus, 1995.

DE ROSE JR, Dante et al. **Esporte e atividade física na infância e na adolescência**: uma abordagem multidisciplinar. Porto Alegre: Artmed Editora, 2002.

GAIARSA, José. **O que é corpo**. São Paulo: Editora Brasiliense, 1986.

GONÇALVES, Maria Augusta Salin. **Sentir, pensar, agir – corporeidade e educação**. Campinas: Papirus, 1994.

MEDINA, João Paulo Subirá. **A Educação Física cuida do corpo... e "mente"**: bases para a renovação e transformação da Educação Física... Campinas: Papirus, 1987.

MEDINA, João Paulo Subirá. **O brasileiro e seu corpo**: Educação e política do corpo. Campinas: Papirus, 1990.

MOREIRA, Wagner Wey et al. **Educação Física & Esportes**: perspectivas para o século XXI. Campinas: Papirus, 1992.

NISTA-PICCOLO, Vilma Leni [Org.]. **Pedagogia dos esportes**. Campinas: Papirus, 1999.

OLIVEIRA, Vitor Marinho de. **O que é Educação Física**. São Paulo: Editora Brasiliense, 1988.

TOJAL, João Batista Andreotti Gomes. **Currículo de graduação em Educação Física**: "a busca de um modelo". Campinas: Editora da UNICAMP, 1995.